愛情與婚姻：
臺灣當代女作家小說研究

李 仕 芬 著

臺灣近百年研究叢刊
文史哲出版社 印行

國家圖書館出版品預行編目資料

愛情與婚姻：臺灣當代女作家小說研究 / 李仕芬
　著.-- 初版. -- 臺北市：文史哲，民８５
　　面；　　公分. -- (臺灣近百年研究叢刊；1)
　參考書目：面，公分
　ISBN 957-549-012-6(平裝)

812.78   85004822

臺灣近百年研究叢刊 ①

愛情與婚姻：
臺灣當代女作家小說研究

著　　者：李　　　　仕　　　　芬
出版者：文　史　哲　出　版　社
登記證字號：行政院新聞局局版臺業字五三三七號
發行人：彭　　　正　　　雄
發行所：文　史　哲　出　版　社
印刷者：文　史　哲　出　版　社
　　　臺北市羅斯福路一段七十二巷四號
　　　郵撥〇五一二八八一二　彭正雄帳戶
　　　電話：（〇二）三五一一〇二八

定價新臺幣三五〇元

中　華　民　國　八　十　五　年　五　月　初　版

謹以此書紀念初入研究院的日子

並感謝摯友親人的愛護及支持

愛情與婚姻：
臺灣當代女作家小說研究

目　錄

第一章　序論

第一節　引言──臺灣女作家面對的問題

　　一直以來，女作家作品給人的印象，就只會在愛情、婚姻等“無關痛癢”的層面上打滾，因而順理成章受到輕視，正如齊邦媛在〈閨怨之外──以實力論臺灣女作家〉一文所說：

> 在中國文學傳統中，女性文學幾乎全被歸類於
> ‘閨怨文學’。現在文壇上，任何女作家被稱為
> ‘閨怨作家’時，就等於被釘死在一個狹窄的籠
> 子裏了。因為她的主題瑣碎、風格‘委婉’；如
> 果有甚麼見解的話，也是無足輕重的。因為她對
> 政治、社會、醜惡的人生大概是無知的。【1】

近幾十年來，臺灣的女作家紛紛崛起，向一直為男作家壟斷的文壇進軍。【2】她們作品的題材風格，或許仍未能完全突破所謂閨怨式的範疇，但有些女作家，已開始意識到身為“第二性”【3】而從事創作所面對的種種問題。譬如：寫作範圍是否因為身為女作家而受到限制或影響？換句話說，作家的女性身份與創作是否構成衝突？女作家在作品中所呈現的女性經驗與男作家所表達的是否不同？【4】

　　女性有截然不同於男性的生活經驗，表現於文學上，自
然亦有相異的特色，【5】要說明這種特色，絕不是片言隻字就
能奏效。"閨怨"這種多少帶有貶義的詞語，除了可以表現
批評家對女作家的慣性偏見外，實不足涵蓋或說明當代臺灣
女性文學的特質，亦不能幫助我們深入了解女性文學這樣複
雜的問題。這裏借用祝仲華對英美女性文學的討論說明一
下：

> 其實，女性文學的特質這個問題並沒有那麼單
> 純，一方面因爲批評家所提的特質都只是整體中
> 的一部分，另一方面，女性文學就如同其他任何
> 文化一樣，在發展過程中經歷了許多不同的階
> 段，而每一階段都有其特色。【6】

　　雖然蔡源煌已經警告在先，指出利用女性主義的文學原
理印證於中國文學，若不經過篩選過濾，運用起來，難免格
格不入，【7】這裏仍然大膽地借用伊蘭・修華特（Elaine
Showalter）的理論來分析一下臺灣的女性文學。伊蘭・修華
特認爲女性文學的發展可以分爲三個階段，第一個階段是
"女性化時期"（Feminine Stage，1840-80），在這段時期
中，女作家努力地模仿男作家或者接受他們的觀念；第二個
階段是"女性主義時期"（Feminist Stage，1880 - 1920），
女作家反對及攻擊男性主義的價值觀，提出女性的權益；第
三個階段是"女性時期"（Female Stage，1920 - ），女作家

尋求自我發現（self awareness），建立屬於女性自己的風格。【8】那麼，若從年代來看，當代臺灣女性文學應該發展至第三個階段（女性時期）。但綜觀當今女作家的作品，與其說是進入"女性時期"，不如說是開始步入第二階段，即"女性主義時期"更爲合適。除了臺灣本土的女作家已打出女性主義的旗號外，就是中國大陸的批評家亦指出過，七十年代以後，臺灣的女性小說趨向表現新女性主義。【9】

　　這裏不敢妄言批評伊蘭・修華特對英國女作家的作品這種分期法是否恰當。但對於臺灣女作家來說，三個階段的分界線似乎並不如此明顯，任意套用，實有強行分之之嫌！【10】假如不從年期的劃分著眼，而只當作爲女性文學的三個特色看，似乎更有助於我們瞭解現階段的女性文學。這樣，伊蘭・修華特的理論對我們便更具啓發性的意義，給我們在研析女性文學時提供了一個思考方向。

　　近幾十年來，臺灣婦女的地位已有所改變，根據姜蘭虹及顧燕翎的研究，臺灣經濟的發展令到婦女受教育的機會增多，地位因而提高，婦女解放運動絕不乏支持者。然而，傳統父權思想（patriarchal tradition）卻並非完全失去影響力，它仍然深植人心。【11】在這種情況下，臺灣女性文學的發展脈絡，便不能像伊蘭・修華特的分期如此"壁壘分明"，而是體現著種種矛盾。不同的女作家，固然因爲思想取向相異而在作品中有不同的反映，就算是同一作家，本身也可能存

在矛盾，男權與女權主義在思想上展開拉鋸，而在作品中有
不一致的表現。因此，在一位女作家的作品中，可能會同時
體現三個階段的特色。

　　林淑意曾指出臺灣缺乏對"女性文學"的深入省思。
【12】但是近年來，經過呂秀蓮、李元貞等人提倡婦女運動，
女性文學已開始成為討論焦點。呂秀蓮在七十年代打出"新
女性主義"的口號，在《新女性主義》中，便詳盡地闡釋了
她的觀點。【13】她的各種主張至今可能仍停留在"理想"的
階段，但對於女作家來說，並不會完全沒有刺激或啓迪作
用。拿她自己來說，便創作了《這三個女人》【14】及《情》
【15】兩部小說，作為"新女性主義"在文學上的實踐。

　　八十年代，李元貞繼呂秀蓮而起，成為女性運動的有力
推動者。在〈婦女運動與女性主義──創造兩性的天空〉一文
中，即可看出她的主張。【16】雖然她沒有像呂秀蓮般以文學
創作來實踐主張，但她也認識到有關婦女問題的討論會影響
到文學創作及批評：

> 在去年⋯⋯臺灣舉行了三項頗具規模的'婦女研討
> 會'⋯⋯這三場研討會也帶動了其他學術會議討論
> '女性主義'的觀點或哲學，少數文學或文化刊物
> 及報紙副刊也開始介紹'女性主義'的批評觀點，
> 刺激了女性作家在描寫女性問題時，升高了作家本
> 身的女性意識。【17】

在〈女性主義文學批評下的臺灣文壇〉一文中，更清楚地標誌了李元貞對女性主義與文學的關係的關注。【18】在呂秀蓮、李元貞等人的帶動下，西方的女性主義逐漸受到注意，譯介的文章時有出現。【19】"女性主義文學批評"亦應運而生，提供了研讀文學作品的一個新方向。在自己的一套批評架構還未建立之際，借用外國的理論，剖析自己的文學，只要經過"篩選過濾"【20】，未嘗不是可行之法！

　　"女性主義文學批評"的範疇究竟爲何？若根據徹里・雷吉斯特（Cheri Register）的說法，則可歸類爲三方面：第一是剖析男作家作品中的女性形象（images of women）；第二是審視對女作家的批評方法；第三是從女性主義的角度（feminist view- point）出發，嘗試定立文學的好壞標準。【21】不過，徹里・雷吉斯特只能代表一家之言，女性主義文學批評在西方雖然言之已久，研究書目琳瑯皆是，但各家有各家的說法，誰是誰非，並沒有一定的標準。【22】至於實際的批評方法也是未能確定。【23】雖然女性主義文學批評或可以借用其他文學理論的方法如結構主義（structuralism）、形式主義（formalism）等，可是有些批評家卻認爲這些理論方法是男性所"發明"，對於文學中的女性經驗往往存在著錯誤的理解或分析。有些評論家甚至認爲製定一套方法，只是固步自封，限制發展的做法。【24】

　　儘管各家各派的理論、方法仍在爭論的階段，但從最終目的或理想來看，顯然是一致的。其基本假設是女性受到性別歧視及壓迫，【25】所以，從事女性主義文學批評，目的是要瓦解以男性為中心的批評體系。【26】然而，要注意的是，過份的強調"女性中心"，走到極端，可能會重蹈"男性中心"那種傳統文評的覆轍。兩種趨向南轅北轍，無法溝通，產生廖炳惠提出的"二元對立"危機。【27】但就目前臺灣女性文學批評還在起步的階段來看，這種危機似乎仍言之過早！

　　總結來說，雖然西方的女性主義文學理論仍在論爭階段，還未有一套統一的理論或方法，讓我們可以借用來剖析文學作品，它的基本目標或理想仍然可以誘導我們對傳統文評加以質詢，重新審視當代的臺灣女性文學，從而廓清一直以來對女作家存在的偏見，使"男性社會加諸女性種種限制，卻反過來嘲弄女作家的藉口"【28】不再成為藉口，李昂所抱怨的：

> 這麼多年來，自由中國的女作家，在一般人眼裏，大致被歸納為兩種很簡單的印象，一是思想很開通、前進的，否則便是虛無縹緲沒有甚麼社會意識的。【29】

不再只是抱怨，而是得到徹底的查究。

第二節　六位女作家的研究──全文綱領簡説

　　本文討論的，是以下六位女作家：施叔青（施淑卿，
1945- ）、廖輝英（1948- ）、袁瓊瓊（1950- ）、李昂（施
淑端，1952- ）、蕭颯（蕭慶餘，1953- ）及蘇偉貞
（1954- ）。選擇這六位女作家，嚴格來說，只能算是抽樣式
的研究，不過，她們亦有一定的類同性。六位均屬較年輕一
輩的臺灣女作家，創作時期是七十至八十年代，目前仍然不
斷發表作品，創作內容主要是七十至八十年代臺灣女性的愛
情、婚姻、性等方面。

　　乍看六位女作家的創作內容，她們可能又會被打入“閨
怨”陣營，因而不值一哂，但我相信李元貞的辯護：

　　　就文學題材來說，女作家寫身邊瑣事、家庭婚
　　　姻、與兩性的愛情關係，並不必然輕軟或狹窄，
　　　端看女作家詮釋角度的深淺與形構經驗的表現力
　　　而定。【30】

何況，通過她們對兩性關係的處理及表現手法，不但讓我們
可以瞭解女性的處境，更重要的，是我們可以從女性的角度
來審視女性。反過來說，透過她們的詮釋，我們亦可回頭重
新檢視女作家的問題。

　　以下述說本論文的綱領。本論文共分八章，本章（第一章）除了說明全文的綱目以外，主要是從西方女性主義文學批評的角度出發，對當前臺灣女作家作出簡單探討，以作爲背景知識的交代。

　　第二至六章，會分別從愛情、婚姻、性、外遇及自我等五個層面來看女性與男性的關係，著重的是女性心態的剖析，尤其重視的是女作家如何揭示女性的經驗。本論文的題目雖只標示了"愛情"、"婚姻"兩項，但在正文中則包括了性、外遇及自我等的討論，因爲所謂愛情與婚姻，只是籠統而言，仔細分析，性與外遇，是不可隨便與之分割的。至於"自我"一章，則可說是前面幾章的一個延續。因爲討論是從愛情、婚姻、性、外遇等關係來剖視女性的自我受到的影響。

　　第六章餘論及總結，除了簡略地說明六位女作家的個別特色外，並進一步探討女性身份對六位女作家的影響。最後更補充交代了在前面各章未能涉及的問題及簡論各章大意，以爲總結。

第二章　女性與愛情

　　愛情的題材，或許有時會遭到輕視，卻無礙它成為文學
創作的永恆主題。處處以"種族意志"【1】為依歸的叔本華
（Arthur Schopenhauer），也不得不承認在種族意志之外：

　　戀愛本身更有一種超絕的歡喜和苦痛，或令人感動與
　　崇敬的地方，文學家以此為題材，幾千年來不倦不怠
　　的描述那些例證。以趣味而言，任何的題材，大概都
　　無出其右。【2】

愛德華・福斯特（Edward M. Forster）在《小說面面觀》
（*Aspects of the Novel*）中亦指出過愛情所以經常成為小說家
描寫對象的原因。【3】難怪約翰・貝利（John Bayley）會有這
樣的結論：

　　實在很難想像文學裏頭沒有愛情……文學作品中沒有
　　愛情，就像生命中缺乏愛情般不真實。【4】

　　話雖如此，在小說中鋪陳愛情卻不因此便受到重視，起
碼在李昂心目中，寫愛情的中國作家，會受到"禁忌"的限
制：

　　只有中國作家，或多或少的，在否認愛情作為嚴肅寫
　　作題材的可能性，它不像性的禁忌藏隱在暗處，愛情

　　活動在陽光下，但卻十分可能是我們不知不覺中一項

　　文化裏公開的禁忌。【5】

而這項公開的禁忌卻在不知不覺中成為女作家的"專利"。
女作家因而經常面臨以下的矛盾：一方面，她們似乎較男作
家更少受到束縛，故可以在愛情的題材上馳騁縱橫；但另一
方面，她們卻往往不自覺地被圍於愛情的狹隘寫作範圍，無
從突破，亦因此受到不必要的輕視。

　　然而，西方既可以產生偉大的愛情小說，愛情的題材自
然也應無礙我們女作家的發揮。袁瓊瓊的短篇小說〈眾生〉
中有一首名〈愛像甚麼〉的歌曲，其中一句是：

　　愛像甚麼，愛像擁抱著風哦──哦。【6】

風是不能捉摸的，只能靠自己去感覺，一如愛情的定義，並
非輕易可以掌握，只可感受，不可訴諸理論，或者這正是研
究愛情的專家束手無策的主因。所以，研究歸研究，到頭來
往往只能如米哈利・賽克斯曾米哈利（ Mihaly
Csikszentmihalyi）般，得出以下的結論：

　　愛情很難下定義，一定要給它下定義，只會落得模糊

　　不清。【7】

正因為愛情不能下定義，可塑性高，能讓文學家一展馳騁想
像之能事，所以愛情在文學中反而得到較佳的闡釋。【8】六位
女作家筆下，女性的愛情又是怎樣的？這裏用李昂的一個故
事〈移情〉作為引子：一個少女深深愛戀著一個無情的男

子，正在因愛情得不到回報而感到痛苦時，從一位和尚處學會移情的方法。於是，便想藉著此法把自己的感情轉移一些給那男子。可是，在移情的過程中，因為唯恐得不到足夠的情愛回報，把愛情全部移走了。結果這回變成男子有情而女子無情。這時男子又學得移情之法，把深情悉數轉回女子身上，女子只有再經受痴心苦戀的痛楚。不過，經歷了這樣的幻化，男子再不像以往的輕心與不在意，他亦嘗試去愛，可惜發現自己竟然沒有愛的能力。於是，兩人同樣體受情愛的痛楚。和尚這時再度現身，教導二人藉著杏花移情，杏花承受了所有的情後，枯萎掉落，最後二人隨和尚飄然引去。【9】這個故事，引發我對以下幾個問題的思考。

第一，"神女有心，襄王無夢"【10】是否最常見的模式？一直以來，痴心女子負心漢已是文學作品中司空見慣的題材。從這個故事來看，痴心者顯然是女主角，男主角經歷幻化，雖然也嘗試去愛，但卻發現自己竟然沒有愛的能力。這是否暗示了男性先天性缺乏愛的能力，因而註定了男女愛情的不平衡？

第二，愛情是否要以強烈的"姿態"出現，不能行之中庸之道？故事中的男女都曾經過極端的"愛"與"不愛"兩個階段，卻不能穩處於兩者之間，是否暗示了愛情只能以極端的形式存在？而這又是否導致痛苦的根由？女主角愛得深切，固然嘗盡苦楚；男主角只是經歷過愛的滋味，也苦痛徹心。愛情只會帶來苦痛嗎？

第三，愛情與死亡是否有一定的關聯？故事中的杏花在承受男女主角全部感情後，枯萎掉落。男女主角移去所有情感後，也跟和尚飄然引去。是否都象徵性地說明了愛情與死亡的關係？

第四，女性的年紀與愛情有否關係？故事中的男主角，作者只稱是"男子"；至於女主角，作者則說是"少女"。是否無意中傳遞了以下的訊息：談情說愛，對於男性來說，是無年齡界限的；對女性來說，卻是非"少女"不可？

上述幾點，或有牽強附會，強行釋義之嫌，但循著這幾點出發來剖析六位女作家小說中女性的愛情經驗，無疑有一定的啟發作用。以下逐點討論。

第一節　男女愛情的不平衡

雖然德尼・魯熱蒙（Denis de Rougemont）曾指出真愛（true love）必須發自男女兩方（mutual），【11】在現實生活中，或者在文學作品裏，兩情相悅的情況並不多見。就如李昂故事中的男女一樣，雙方的情感始終不能平衡，一方愛得熾熱時，另一方則冷淡無意。其中又以"神女有心，襄王無夢"的情況居多。西蒙・特・波娃（Simone de Beauvoir）的

觀察不一定準確，但她以下一段話，的確可以用來說明六位
女作家筆下的男女關係：

> 愛情這個字眼對兩性來說有不同的意義，……男
> 人……在他最心神蕩漾的時刻，也不會放棄其他一切
> 所有的；……在他們的內心還停留在自我中心的狀
> 態；他愛的女人僅是有價值的東西之一；……。對女
> 人而言，正好相反，去愛一個人就是完全拋棄其他一
> 切只為她愛人的利益存在。【12】

叔本華更認為在戀愛的過程中，男性善變，女性專一，是自
然傾向，亦即天性使然。【13】我們固然不必盡信這種天性所
驅的說法，但女性專情，男性無情，確是六位女作家筆下戀
愛故事的常見模式。即使在散文之中，袁瓊瓊與蘇偉貞也分
別表達了跟西蒙‧特‧波娃及叔本華類似的見解。袁瓊瓊在
《鍾愛──男人的愛》代序中，開宗明義便說明：

> 愛情對男人當然不像對女人那麼重要──就一般情況
> 而言。……談戀愛，女人是天生的專業人才，可以廢
> 寢忘食，死去活來，男人好像做不到這一點，除非是
> 你觸動了他與愛情不大相干的別的心情，比如說虛榮
> 心、進取心、報復心。【14】

蘇偉貞在〈漁火還是星火〉一文中，也提出以下質疑：

> 女子真是男人身上的筋骨？只認同一個男人？熟悉一
> 種溫度？【15】

不過，袁瓊瓊與蘇偉貞的見解卻較西蒙‧特‧波娃及叔本華保留。袁瓊瓊在用了“當然”的肯定字眼後，不忘加上一句：“就一般情況而言”，設留餘地。“可以”、“好像”等詞，也沖淡開原有的主觀色彩。蘇偉貞則用了詰問法來化解自己的主觀意見。這多少反映了女作家在剖析男女問題時，企圖以較客觀的手法，以掩飾自己的主觀見解。或者，這正是避免自己被譏為武斷主觀的權宜之計吧！臺灣女作家在處理男女關係時的小心謹慎，是否正好反映出她們一直在這方面受到的壓力？

在愛情的追求過程中，表面上，男性是愛情的渴求者，因為永遠是他在追逐女方。但實際上，並非如此簡單，袁瓊瓊便這樣分析：

> 在愛情之道上，女人教他甚麼，他就用甚麼，……所有的丈夫都認為老婆是自己主動追來的，而只有太太們知道，自己是花了多少工夫才讓那個男人開始主動的。【16】

男性渴求追逐異性，看來只是一個假象而已，女性似乎才是異性愛的需求者，且是真正的策動者。埃弗雷特‧蕭斯特朗（Everett L. Shostrom）曾把男女的浪漫關係歸結為“操縱行為”【17】。不過，切不可因此便貿然推論在愛情的徵逐上，女性是真正的幕後操縱者。相反地，正如在李昂〈愛情試驗〉中的一個故事，女性對男性熱切的愛，反而造就了後者對前者的操縱、控制。【18】勞倫斯・弗蘭克（Lawrence K. Frank）就曾指出，在愛情的名義下，女性的個人自由及尊嚴往往被剝奪了。【19】西方故事中，海洛斯（Helose）因爲深愛阿貝拉德（Abelard），不惜作出種種犧牲，可說是這方面的經典代表。【20】

　　在六位女作家的小說中，不計犧牲的痴情女子，大不乏人。蘇偉貞〈陪他一段〉的費敏，因爲男友一句話："我需要很多很多的愛"【21】，便一面倒的透支感情。〈紅顏已老〉的章惜，對余書林的深情是"太直線條、太細，沒有回來的路"【22】。〈不老紅塵〉的曾宇是從來不知道"要"，是"連訴苦都不會"。【23】蕭颯〈襌〉的余清麗，聽了李範臨走前拋下的一句："眞捨不得你"【24】，便魂牽夢掛。〈小葉〉中的小葉，任由劉智原拳打腳踢，仍然默默忍受。【25】廖輝英《不歸路》的李芸兒，一點好處也沒得到，依然苦苦守候方武男。【26】〈今夜微雨〉的杜佳洛與羅長安的關係是片面優惠的不平等，她的愛是一種"殉道式的奉獻"【27】。她們全部都是不計較男方用情的深淺而只是一味執意的愛著。女性爲甚麼會陷入這種不平等的關係呢？蘇偉貞認爲：

> 愛情不是人生觀，也不必深藏哲理，更不必埋怨，談
> 得再多，它只有四個字——心甘情願。【28】

但這是否就足以解釋一切？

　　烏納穆諾（Miguel de Unamuno）在《生命的悲劇意識》中曾這樣分析女性的愛：

> 女性的愛都是純然母性的。……女性的愛，最具意義的，通常在本質上是激情的——母性的。女性把自己奉獻給她所愛的人，因為她感覺到他的欲望使他受苦。【29】

對男性，則有以下的看法：

> 男人渴望被愛——或者同樣的，被憐憫。【30】

佛洛姆（Erich Fromm）亦提出了"神經紊亂性愛情"（neurotic love）的說法，他認為有時戀愛的一方或雙方會把孩童時代對父母的感覺、期望或恐懼等轉移為對愛人的態度。簡單來說，女性對男性往往有"母性愛"（motherly love）的傾向。男性對女性，則像小孩對母親一樣，只會索求一種無條件的愛。【31】若用羅伯特・黑茲奧（Robert G. Hazo）的"利他欲望"（benevolent desire）及"自利欲望"（acquisitive desire）去解釋，則可說女性在感情上傾向於給予而非取受，而男性正好相反，只專注於經營一己之私利。【32】

　　〈陪他一段〉中，作者用了幾次"疼"字來形容費敏對"他"的愛：

> 所以格外疼他。【33】
>
> 就分外疼惜他起來。【34】

> 他低沉的嗓音在電話裏，在深夜裏讓她心疼。【35】

> 費敏疼他疼到連他錯了也不肯讓他知道。【36】

"疼"字在這裏含有愛憐、寵溺的味道，正適合用來說明費
敏的母性情懷。《不歸路》的李芸兒，對方武男，也曾湧現
過類似的感情：

> 心底浮起一種類似母親的情懷，不覺伸手去撫男人的
>
> 肩頭。【37】

六位女作家的其他小說中亦可找到這方面的例子。袁瓊瓊
〈自己的天空〉的靜敏，眼中的良七，正是這樣：

> 他也害怕，說完了抿緊嘴站著，也是個大人，卻一下
>
> 子瘦寒得厲害，讓人想摟著在懷裏哄。【38】

〈男女〉中的愛達對小喬，更明顯有母性的傾向。從以下兩
段，可清楚看出：

> 他（小喬）在臺上特別有種孤單樣子，……整個人帶
>
> 有落拓氣氛，讓人心疼得厲害。【39】

> 愛達對他的愛越來越繁雜。有時像個姐姐，有時像母
>
> 親，就在想像的時候也沒有擔任過比他年紀小的角
>
> 色。不知怎麼，一直在做他的保護者，給他肉體也是
>
> 保護他的方式。【40】

李昂在〈一封未寄的情書〉中，則數次用上"愛憐"、"憐
惜"等字眼來述說這種情懷。以下一段，更清楚說出：

> 在我那初次被喚醒的母性胸懷中，我多麼希望能撫平
> 你愁苦的臉容，能帶給你安慰與歡笑，那怕只是片時
> 片刻，任何的代價我都會願意付出。【41】

在〈年華〉中，女主角蘇水雲對男主角李珂的感情，也帶有憐愛的味道：

> 略帶酸楚的眷憐湧聚上蘇水雲心懷。【42】
>
> 蘇水雲的確感到愛憐。【43】

施叔青〈情探〉中的殷玫，曾有以下的感受：

> 殷玫想像他對著鏡子惜髮如命的神情，心裏起了一種
> 近乎母性的、溫柔的牽痛。【44】

　　從另一個角度來看，六位女作家也經常刻意地把男性寫成像孩子般，好讓女性能在愛情中發揮她們的母性潛傾。蘇偉貞〈從前，有一個公主和一個王子〉中的李定，睡著時的姿態是“弓著身子，像無辜的孩子”【45】。睡著時是意識控制最弱的時候，李定這時的姿態，越發顯出他天性中孩子似的傾向。〈陪他一段〉的“他”，在費敏眼中是“像個男人又像孩子的人”【46】。〈舊愛〉的楊照，則“根本是個沒有適應力的大孩子”【47】。袁瓊瓊〈江雨的愛情〉的江雨有著小孩氣的笑容。對他有意的碧珠就曾“手帕直抵到他鼻頭上”【48】，叫他“小孩子”【49】。把小孩子的稱呼放在挑逗的過程中，可見兩者的關係。施叔青〈常滿姨的一日〉，也有類似的寫法：

常滿姨像逗著一個孩子似的，假裝生氣。【50】

以上兩個例子，可以表達出女性渴望對所愛的人扮演母親角色的欲望。不過，若說這是女性以母性愛來掩飾戀慕年輕異性的手法，也未嘗不可！〈後街〉裏的蕭，一向頗有權威，但也有像孩子的時候：

有這等權威的蕭，竟然像個孩子似的依偎在她的懷裏，告訴朱勤他很迷惘。【51】

廖輝英在〈今夜微雨〉中，更屢次把羅長安寫成像孩子般的無理、橫蠻：

他可是絕對的拒絕聽理由，他純粹是為反對而反對，像孩子般霸住她，不要任何理由。【52】

大羅在慌亂中情不自禁的哭了。這一哭，翻像個孩子。【53】

大羅的不能自我控制，就猶如他的被寵壞，相互交加。【54】

另一角色程偉天，也有像孩子的特色：

一個大男人，說話神情竟像個無助而不負責任的孩子。【55】

那神情，油然激起佳洛的母性，她趨前摟住小偉，就像摟住一個無助的孩子。【56】

李昂〈一封未寄的情書〉的 "G.L." 與夏，同樣 "需要大量的
注意、關懷與愛，卻又永遠覺得不夠，孩子似的要求更多"
【57】。在〈年華〉中的李珂，也有這樣孩子似的表情：

> 有些懊喪和鬱鬱不快樂，彷彿一個被母親逼著去作件
> 不喜歡事情的小孩，蘇水雲的確感到愛憐。【58】

上列例子，令人尋味的是，作家往往是從女主角的觀點去審
視男性角色，所以男性像小孩，只是女主角的感覺，並非客
觀事實。這種寫法，多少可以反映出女性有意識，或無意識
地在愛情之中揭示其母性愛的趨向。或者，正如前面的分
析，母性愛有時反而成為遮掩愛意、似非而是的虛招。

　　當然，在六位女作家的小說中，把戀愛中的女性寫成像
小孩的例子，並非闕如。不過，她們呈現的特色，卻不同於
那些像小孩的男性角色。她們往往只是透過扮演小孩的角色
以向異性取得較為溫柔的對待。換句話說，撒撒嬌而已。男
性則野心不可謂不大，他們常常是企圖藉此控制、操縱異
性，罔顧對方的利益，只圖榨取一己的私利。或者，正因如
此，方武男、〈陪他一段〉的 "他"、程偉天及羅長安等才
可以肆無忌憚地任意妄為，罔顧對方的感受。〈陪他一段〉
的 "他"，就曾明顯地利用過他的 "孩子" 特權，攻擊費
敏。他對費敏這樣說：

> 我還小，妳想過甚麼時候結婚嗎？【59】

羅長安亦是片面優惠的利益獲得者。以下一段，便清楚交代了他與杜佳洛這種關係：

> 偏偏大羅又是個量窄好妒的人。在她跟他好時，蠻橫的霸住她，不許她應酬、不許她有任何私人的活動，除非剛好他有事。【60】

　值得注意的是，以上所舉出的幾位女性，大多能自覺處於不平等的劣勢，只不過仍然燈蛾撲火而已。曾宇自己便曾這樣反問：

> 我真要點甚麼也就好了，對不對？【61】

費敏打從開始即明白自己只不過是陪襯的附庸角色，故有"我陪你玩一段"【62】之語。她明知會敗下陣來，卻仍勇於"迎戰"：

> 她開始用一種消極的方式拋售愛情，把自己完全亮在第一線，任他攻擊也好，退守也好，反正是要陣亡的，她顧不了那麼多了。【63】

李芸兒也曾直斥方武男：

> 你既要偷腥，又要維護家庭，做一個模範丈夫，世上那有這麼美的、兩面光的事？所有的好處都該你得，一點責任也不必負？【64】

至於杜佳洛，事後反省，也能領悟到：

> 當時怕失去那份假相安逸，居然屈從了大羅的自私，任由他的情緒，處決自己那份感情。【65】

女人，爲甚麼會輕易屈從自私的男人，沒有承諾，只

有要求，居然這樣片面優惠不平等的過了三年？【66】

可見，女作家往往把筆下那些在愛情中，受盡男性欺侮的女
性，都描寫成是具有一定的自省能力，能了解自己的處境
的，只不過明知吃虧，仍然 " 樂於 " 上當而已。" 利他欲
望 " 或 " 母性愛 " 在這裏固然可以給我們一點解釋，但也非
純粹如此。

陳樂融曾經以 " 性格中的悲劇因素 " 【67】來解釋費敏的
明知故犯，並指出：

蘇偉貞小說中的女主角讓我們窺伺到‘情到深處無怨

尤’的熠熠幽光。【68】

眞的 " 情到深處無怨尤 " 嗎？在以上指出的幾位女性角色之
中，費敏似乎是最沒有怨言的一個，她 " 沒有說一句他的不
是，即使是在不爲人知的日記裏 " 【69】。但要注意的是，敘
述費敏的故事的是費敏的一位好友，透過這位友人的敘述，
我們才知道費敏在感情上所吃的虧、所受的苦。而這位友人
能知道事情始末，完全是因爲看了費敏留下的日記。因此，
表面上費敏沒有說一句他的不是，實際上處處在暴露他的不
是。費敏在這段感情中，其實一直明白自己的處境，比起前
面所提的其他幾位女性，她顯得更爲清醒。如杜佳洛，是事
後反省，才知自己走了一段冤枉路。李芸兒雖曾一度直斥方
武男，但大半時間，仍然存有種種幻想。費敏卻是一直不存

甚麼幻想，以賠上自己的精神去"陪他一段"。日記最後一句寫著"我需要很多很多的愛"【70】，這句話本來是"他"對費敏所說的，正因為這一句話，費敏不忍心不給，一直在付出感情。費敏在日記最後特別留下這一句，可見其意義的重要。然而"我"字在這裏並沒有明確的指明是誰，可以是"他"，也可以指費敏。這種語意的模稜性反而更有助於深化以下的主題：除了"他"是需要很多很多的愛外，費敏也有同樣的需要！由此來看，費敏並非沒有怨懟，只不過這種怨懟，不太明顯外露而已。或者可以這樣說，費敏的怨懟是以較為曲折隱蔽的方式表達出來。所以，袁則難的意見：

　　由於沒有怨懟，這篇小說的控訴力就更加強。【71】

雖然比陳樂融的批評較為貼切，但似乎仍可有發揮的餘地。

第二節　愛情的強烈與痛苦

　　弗朗西斯科・艾伯羅尼（Francesco Alberoni）曾指出愛情是大起大落的，不是狂喜（ectasy），就是折磨（torment），可以如入天堂，亦可以如進地獄，【72】不能行之中庸之道。所以勞倫斯・勒納（Laurence Lerner）以火來形容愛情，足以表明其猛烈與不穩定性。【73】在文學作品中，愛情尤其是以一種激烈的姿態出現，在現實生活中，平淡如水的愛情，自然不能說並不存在，但對於作家來說，吸引程度顯然不夠，也就較少受到垂青了。

　　從上一節中，可以發現六位女作家小說中的女性，經常一面倒地向異性傾注感情。其投入、專注、熱烈的程度，用激情去形容，實不爲過。而且似乎不這樣，就不足以突顯愛情的震撼力量。即使在散文中，女作家亦沒有隱藏這方面的看法。蘇偉貞以下的文字，最是明顯不過：

> 感情像心智不全的人，總是走極端的多，若非大愛便是大恨，能行以中庸之道的，簡直少見。似乎也沒有那個必要。感情也實在適合暴起暴落，給世界平添幾分顏色，它像一道起伏線，纖細、敏銳、又太充沛，若非有來有往，只好含蓄或爆發。【74】

甚至在小說中，蘇偉貞也有這樣直接的表白：

> 愛情有時候是興奮劑，有時候更是刺激品。【75】
>
> 唯有友誼才會使人平靜，愛情往往是翻雲覆雨的。
> 【76】

"翻雲覆雨"、"興奮劑"、"刺激品"等字眼，無不指向一個相同的概念，就是愛情往往是狂烈的，並不依常規或理智進行。所以說：

> 愛情請走地下道。這是一手見光死的牌。【77】

李昂的三封"情書"，便分別述說了三個女性對異性的強烈
感情。〈一封未寄的情書〉的"C.T."這樣形容自己得悉暗戀
對象已婚後的傷心：

> 我記得那時節已然是夏天，連著幾個月天氣晴朗，整
> 個臺北市街火焚般的燦熱著，在沒有冷氣的辦公室
> 裏，我卻一陣陣禁不住的冷汗直流。【78】

> 那絕望的愛情如何分分秒秒在扎痛我的心。【79】

如此摧折心懷的哀痛，無疑可以反襯出"C.T."那強烈的感情
趨向。情書本來是表白愛情的一種直接方式，但題為"未
寄"，顯示了女主角可能因為對方已婚，世俗限制，內心熱
情在欲加坦露之時，又不得不予以隱藏的矛盾。〈曾經有
過〉的"C.T."為了對"G.L."的愛，竟"願意肩負世間的任
何罪名"【80】。〈假面〉中的"C.T."，則用"狂亂"、
"瘋狂"、"深切"等字眼去形容自己對"G.L."的感情。
【81】李昂另一篇小說〈轉折〉的幾則日記，也記載了一個少
女對一有婦之夫的痴戀，以下句子悉足以證明：

> 只有同你在一起，才會有那般熱切的喜悅與滿足，並
> 且回來後魂飛夢想。【82】

> 大概只有你還能激發起我心中那般的激情。【83】

袁瓊瓊〈愛的邊緣地帶〉的葉香，雖然遇過很多男人，但在
碰到元元時，愛慕之意，盡形於色：

> 臉都亮了，那神情如此明顯，看來奇異，分明是動情
> 了。【84】

以情歌傳情時的專注、旁若無人，更顯出女性的敢於披露自
己內心的熱情：

> 她慢慢開始唱起來。……葉香只看著元元，彷彿四周
> 無他人。【85】

蘇偉貞〈陪他一段〉的費敏的"苦戀"，在上一節中，已有
交代，這裏不再贅言。其實，蘇偉貞作品中的女主角大多對
愛情抱著極為堅定的態度，縱然外表冷淡，仍難掩其內心熱
情。谷樵的批評可以補充一下：

> 無疑地，蘇偉貞是準確地捕捉住了現代社會個人主義
> 張揚下，對情感的執著與自我中心，忘我無人地痴迷
> 苦戀，而又根著無處。【86】

至於廖輝英《不歸路》的李芸兒【87】與〈今夜微雨〉的杜佳
洛【88】，能忍受對方的種種任性無理，恐怕也是因為女性的
深情。

　　從上述例子，可以發現，愛得深切，不但不會帶來快
樂，反而是痛苦的根源。在英語中，"熱情"（passion）的
語源，即有艱苦的意味。【89】其實，早於十二世紀，安德烈
亞斯‧卡佩拉努斯（Andreas Capellanus）已指出過愛情是與
生俱來的痛苦（inborn suffering）。【90】羅伯特‧約翰遜
（Robert A. Johnson）從心理學的角度分析浪漫愛情時，亦認

識到兩者的密切關係。【91】德尼・魯熱蒙也以文學作品爲
例，得出以下的結論：在歐洲的文學史上，愉快的愛情是罕
見的。【92】伯恩哈特・鮑爾（Bernhard A. Bauer）更認爲女
性較男性更容易感受到愛情的苦痛。【93】印證於六位女作家
的作品，實言之非虛。費敏、曾宇、章惜、李芸兒、杜佳洛
及"C.T."等無不備嘗愛情的苦澀。反觀男性角色，除余書林
外，如費敏的"他"、方武男、羅長安等，若非自私，便是
寡情，自然不會因愛情而痛苦。

　　爲甚麼女性比男性更易感受到愛情的痛苦呢？伯恩哈
特・鮑爾認爲在愛情中，男性著重肉體的滿足（bodily
enjoyment）；女性則著意於精神的追求（spiritual
sensibility）。因此，一段失望的愛情不會帶給男性太多的痛
苦，因爲男性很快會從另一個肉體中取得補償。但女性的投
入是偏重於精神的層次，復元便難得多了。【94】以上的批
評，或許有欠周延，未能兼顧其他層面，但視之爲其中一個
解釋，未嘗沒有價值。證之以六位女作家筆下的男女關係，
也非失當。女性角色固然也有追求肉體滿足的時刻，如在
《不歸路》中，作者有一段是描寫李芸兒對肉欲的需要：

　　然而，肉體還是肉體，它不屬於格調或品味的問題。
　　當男人將她推倒在床上，重甸甸壓在她身上時，她就
　　明白了。【95】

但較之於男性對肉慾的追求，程度上卻遠遠不及。如李芸兒
比之方武男，在這方面自然望塵莫及。其他女性角色如章
惜、費敏等，似乎都是偏重於精神層次，唯有一位男性角色
——余書林，才能歸之於精神層面。所以在〈紅顏已老〉中，
作者這樣形容余書林與章惜的關係：

> 他們暗中苦著，像黑暗中彼此牽握的一雙手，別人不
> 知道他們的內幕；他們不需要實體的擁抱，握著，更
> 有精神層次的交流。【96】

正因為余書林對章惜的愛是偏重於精神的層次，才會引起內
心的掙扎，亦才會與章惜一起"暗中苦著"，同樣體嚐愛情
的苦澀滋味。

　　此外，要指出的是，正如前一節所論述，在愛情上，女
性雖然明知自己吃虧，但仍燈蛾撲火一樣，在這一節的討論
也同樣顯示了女性是深知戀愛會帶來苦楚，如費敏便有這樣
的感受：

> 戀愛對一個現代人沒有作用，而且太簡單又太苦！
> 【97】

德尼‧魯熱蒙曾指出過，受苦（suffering）是我們謀求改變
（transform）的必經階段。能夠意識到自己的苦痛才能深入
了解自我。【98】似乎把受苦視為提昇自我的歷鍊過程。觀乎
以上所舉出的眾多女角，"苦"是受夠了，亦能夠意識到自

己的苦痛，但往往不能進一步的改變或提昇自我！谷樵在指出蘇偉貞筆下女性對情感的執著時，這樣形容：

> 自苦至極，而無法抽身判別方向，以故一味陷溺，終
> 無理性的光明了悟。【99】

缺乏理性的光明了悟，的確是恰當的描述，但她們卻非無法判別方向，只是明知仍一味沉溺，不能藉此改變或提昇自我而已。比起其他女性角色來說，〈今夜微雨〉的杜佳洛或許已算是較能意識到自己的苦痛而謀求改變的一個，所以在第一段情結束之後，她對愛情已開始採取較爲功利的看法。與程偉天的關係結束後，她更有以下了悟：

> 走過那千恩萬愛，走過那幾番生死，如今，她再也不
> 怕獨行了。【100】

不過，需要保留的是，杜佳洛的兩次改變，可說仍是由外力促成，並非她自動謀求改變，說清楚一點，就是因爲羅長安與程偉天捨她而去，才迫使她作出轉變的對策。

　　最後，返本探源：爲甚麼愛情總是帶來痛苦？叔本華的解釋可以給我們一點啓示：

> ‘圓滿’的戀愛，收場不幸的恐怕比幸福的還多。這
> 是因爲激情所要求的，與當事者的周遭環境不但不能
> 相一致，而且還破壞了他的生活計劃，以致往往嚴重
> 地損傷了他個人的利益。【101】

愛情不是一宗貿易買賣，參與者因此不容易衡量得失，“收支”不平衡的情況，比比皆是。投入愛情的結果往往不是換來相對的精神或物質收益，反而因爲擾亂了社會的生活規律而令個人受損。六位女作家筆下就有不少這類人物。弗朗西斯科・艾伯羅尼更從克勞德・萊維史特勞斯（Claude Lévi-Strauss）提出的“不同及交換系統”（system of difference and exchange）的理論入手，指出障礙（obstacle）是導致愛情產生的原因，因此在愛情小說中，設立種種想像的障礙（imaginary obstacles），目的是使愛情的意義更爲豐富。【102】從這個角度出發，六位女作家筆下的女性投身愛情時遇到障礙，引致痛苦，也就不足爲奇了。

第三節　愛情與死亡

以愛情與死亡爲題，檢視文學作品，並非新鮮，如萊斯利・菲德勒（Leslie A. Fiedler）的《美國小說中的愛與死》（*Love and Death in the American Novel*）【103】、羅傑・斯蒂林（Roger Stilling）的《文藝復興時期悲劇中的愛與死》（*Love and Death in Renaissance Tragedy*）【104】等都是現成的例子。愛情與死亡，表面看來，兩者毫無關係，爲甚麼會被聯在一起討論？叔本華曾說過邱比特（Cupid）帶著的是“殺人的弓箭”。【105】把愛神之箭看成是殺人弓箭，可見叔

本華早就喻示了愛與死的密切關係。羅洛・梅（Rollo May）
在《愛與意志》（*Love and Will*）中亦把愛視爲死亡的暗示。
【106】今道友信在《關於愛》中也說：

> 眞的戀愛，經常導致情死或復仇的死這種悲劇結局。
> 【107】

愛情是促使兩性結合的重要元素，兩性結合則是新生命誕生
的必要條件。從這個方向推論，愛情應該與"生"而不是與
"死"相聯才合邏輯，但事情卻往往並非如此簡單。烏納穆
諾、馬庫色（Herbert Marcuse）及伊・巴丹特爾等人的理
論，或許可以啓開我們的疑竇。烏納穆諾指出：

> 愛是幻象的產物，也是醒悟的根源。愛是悲傷的慰
> 解；它是對抗死亡的唯一藥劑，因爲它就是死亡的兄
> 弟。【108】

馬庫色則強調：

> 愛與死亡是始終對立的。愛與死的辯證就表現在：愛
> 之成爲永恆強烈的喜悦正是由於死的必然性。在死亡
> 的黑暗，愛的火焰更加光輝奪目。【109】

伊・巴丹特爾亦有以下的見解：

> 情欲將一直把情侶們推向死亡，而死亡則是情侶們的
> 情欲賴以建立的隱秘願望。死亡這個絕對障礙既是情
> 欲的最末一個條件，也使情欲本身化爲子虛烏有。
> 【110】

以上三段引言，顯示了愛情與死亡相反又相成的矛盾關係。死亡本來代表一切的終止，情欲自然不能倖免，所以說死亡能使情欲化爲烏有。但從另一個角度來看，生命的終止反而使情欲停留在最巔峰的狀態，不至隨著時間的改變、流逝而轉淡，所以說死的必然性，使愛成爲永恆強烈的喜悅。死亡可以突顯、反襯愛情的光輝和力量，因此說愛情可以對抗使一切消失的死亡，但又與它是密不可分的兄弟。

　　六位女作家的小說裏，也有不少因愛情而死亡的女性，不過，她們的死，往往只是由於憤恨、放棄，而不含以上的哲學因素。現先舉出有關例子，再深入分析。蘇偉貞〈陪他一段〉的費敏"陪他一段"後，自殺死了。【111】袁瓊瓊〈迴〉的素雲，重遇舊情人阿發，忍受不了糾纏，在一個冬末春初的下午，抱著兒子，墮樓自殺。【112】〈青春〉中，對松川有意的小緣，見過松川後，不久便病死。【113】蕭颯〈意外〉的林欣柔在發現男友狄子興與另一個女子在一起時，當場割腕。【114】《小鎮醫生的愛情》中利一妻子月琴，在利一專情光美時，離家病死。【115】〈唯良的愛〉的唯良，在丈夫移情別戀時，不但自殺，同時毒殺全家。【116】〈小葉〉的小葉發現同居男友與別的女子鬼混後，亦曾自殺。【117】《少年阿辛》的毛妹，則以自殺來威脅男友，不讓他跑掉。【118】此外，如蘇偉貞《陌路》的黎之白在感情上的放逐自己。【119】〈不老紅塵〉的曾宇試圖以結婚來毀滅自己。【120】袁瓊瓊

〈流水年華〉裏雪歌陰暗的一生。【121】都可說是一種象徵性
的死亡，但歸根究底，仍是愛情種下的苦果。因此，黎之白
的體會，未嘗沒有道理：

> 以前老認爲沒有感情一秒鐘也活不下去，現在有太多
> 感情同樣活不下去。【122】

漢納‧利文森（Hanna Levenson）及查爾斯‧哈里斯
（Charles N. Harris）曾指出，自我意識（a sense of self）是
人類生存的強大動力（powerful motivating force）。【123】羅
納德‧萊恩（Ronald D. Laing）亦認爲人類的關係是建立在
個體的自主身份（one's own autonomous identity）上。【124】
西蒙‧特‧波娃也表示：

> 愛人們應該去體會彼此間相同和相異之點；任何一方
> 都不應該放棄因爲自我而造成的改變，因而任何一方
> 都不會遭受摧毀。【125】

循著以上的方向去看費敏的死與曾宇的自棄，也就可以了然
其中原委。費敏與曾宇，都是爲了愛情而忽視了自我的存
在、需要。前者的角色只是"陪"他一段；後者則是從來不
要求甚麼。因此，她們"遭受摧毀"，應該是必然的結果。
愛情對費敏來說，就像一個死亡陷阱，一踏足其上，費敏已
預知自己的命運：

> 第一次，她那麼希望死掉算了，愛情太奢侈，她付之
> 不盡，而且越用越陳舊，她感覺到愛情的負擔了。
> 【126】

> 以後，她開始用一種消極的方式拋售愛情，把自己完
> 全亮在第一線，任他攻擊也好，退守也好，反正是要
> 陣亡的，她顧不了那麼多了。【127】

馬庫色認爲死亡可以變成自由的象徵。【128】從上面第一段引
文來看，死亡對費敏來說，或許仍能勉強這樣解釋，因爲死
亡的確是費敏唯一擺脫感情的方法。但"死掉算了"幾個
字，似乎帶有無奈的消極逃避色彩。第二段引文，更清楚顯
示了費敏那種放棄自己，任由攻擊的絕望心態。至於曾宇，
雖然沒有像費敏般以自殺來了斷自己的生命，但卻可說是採
取了卡爾‧明寧格（Karl A. Menninger）所說的"慢性自殺"
（chronic self-destruction）方式，亦即是不斷戕害自己，所以
表面上曾宇沒有"自殺"，但卻是雖生猶死。【129】小說中這
樣說明她的自毀：

> 她反正不會自殺，乾脆用身體去死。【130】

曾宇不想結婚卻決定結婚，她以結婚這個本來是以感情爲基
礎的行動去逃避感情。陳樂融的解釋可以說明一下：

> 結婚在這裏被視爲一種毀滅、一種覆亡，因爲曾宇根
> 本只是想逃避，想要放棄自己。【131】

其實，曾宇可說是以麻木自己來逃避感情的煩惱。

　　蕭颯筆下的林欣柔及毛妹，則與前述二人頗為不同。她們的行徑，就如歐文・斯坦蓋爾（Erwin Stengel）對女性自殺原因的分析： 女性往往並非真正尋死，她們只是以自殺為手段，以改變別人的態度。【132】《少年阿辛》中，毛妹便曾對男友阿辛這樣警告：

> 你下次再敢跑掉，我就自殺。【133】

> 阿辛，你敢走，你敢走出去一步，我就自殺，也殺死
> 你。【134】

毛妹最後自然沒有因此而自殺，她只不過是企圖以自殺來阻止男友離去吧了！至於林欣柔，在威脅男友狄子興之餘，更付諸行動，當場割腕。作者這樣交代她自殺後的心理狀況：

> 她也覺得自己傻，她不是要這樣的收場，為甚麼偏偏
> 一切又弄得這麼一團糟。【135】

從上面一段引文來看，林欣柔的自殺，應該只是一時衝動、怨憤難消的結果，並不是真的尋死。何況，通過自殺的行為，亦可以阻止男友離去，小說中即曾把她的割腕與男友的作勢離去並列描寫：

> 狄子興才作勢邁步，欣柔握著玻璃片的右手揮揚起，
> 狠地一記劃在自己左邊手腕。【136】

所以，毛妹與林欣柔以自殺來威脅男性的心態應該是一致的。難怪西蒙・特・波娃對女性有以下的譏諷：

她們假裝自毀的時候，比眞正要自毀的時候多。……
她假裝要拋棄令她傷心的生命，但她的自殺卻總是不
大成功。【137】

蕭颯小說中的另外二個女性：月琴與唯良，她們的死，
則可說是由丈夫有外遇促成。兩者在發現丈夫有外遇後，都
曾離家嘗試獨立生活，然而，都失敗了。因此，訴諸死亡，
成爲一個"解決"辦法。月琴最後病死，顯示了她無法排解
內心痛苦的心力交瘁。因此，書中很著意地描寫她死前的狀
況：

月琴微張著嘴，竟然眼睛也像是微微張著不曾闔攏。
利一由那眼中，彷彿窺伺到了她的心底深處。月琴是
痛苦的哪！在她發病的前一刻，她受著甚麼樣的煎
熬？使她再也支持不了肉體的負荷吧？【138】

月琴因丈夫有外遇而鬱鬱病死。唯良也是因此而死，但她的
死，卻是採取一種極爲強烈的手法——同歸於盡，不但自毀，
亦毀掉丈夫、兒子！【139】

袁瓊瓊小說中的素雲，則是因抵受不了舊戀人阿發的糾
纏而自殺。素雲曾經一度以搬家來逃避阿發，小說中有一段
寫向來平靜的素雲要求丈夫搬家時的激動：

有一天素雲就炸了。……簡直像發瘋，素雲在地上，
撕自己身上衣服，嘴裏還邊哭邊嚷：'我恨，我
恨……'。【140】

然而，當搬家仍然擺脫不了阿發時，她自殺了。因此，她的死，應該含有怨憤和逃避的雙重因素。

袁瓊瓊〈流水年華〉中的雪歌，則因爲感情的創傷，獨個兒過了二十年單身、沉寂的日子。在作者筆下，她的房子"是死一樣的沉靜固定"【141】。就連潔白乾淨的被褥，也只會給人"陰涼"的感覺。因此，她雖然沒有眞正爲情而死，但也可以說是因情而變成羅伯特・約翰遜所說的"活死人"（a living death）了！【142】

第四節　女性的年紀、外貌與愛情

格雷斯・荷維（Grace O'Neill Hovet）曾指出，社會經常把超過三十五歲的女性等同於沒有性別的人（ sexless beings）。【143】是否能這樣清楚地以三十五歲作爲一個分界線，或者仍值得商榷。但他的確說出了女性在年齡上經常受到的"特別"待遇。正因爲這種特別待遇，女性自身非常敏感於自己年齡的增長。當女性過了某個年紀後，年歲的增長往往表示外貌的老化，亦因而影響了對異性的吸引力。

討論的幾位女作家的小說中，便有這方面的探討。蘇偉貞〈隔著夏天〉中的女主角聞樓，有以下感受：

女人一過三十歲，不僅明白許多心情會成爲過去，更明白許多事也過了發生的時機。【144】

女孩子一過年齡，往往失了性別。【145】

她這種意識，可說是由她與畢中行的關係所引發的。畢中行
較她年輕，因此，在相處的過程中，更能讓她覺察到這方面
的問題。袁瓊瓊〈茶蘼花的下午〉的碧淑已三十歲，似乎便
因為年紀大了，愛情無望，便死心塌地做周景康的情婦：

還能怎麼樣呢？三十歲的女人了。他是她唯一的男

人。她根本沒那份自信，認為自己還能找得到別人。

而且她又老得多了。【146】

至於女性刻意打扮，取悅男性的例子，更是不勝枚舉。如李
昂〈轉折〉中男主角之妻、【147】蕭颯〈禪〉的清麗等等。
【148】

正因在世俗眼光裏，女性的外貌、年紀與獲得男性垂青
與否往往成正比關係，中年女性追求愛情便多數得不到成
功。而且因為讓人覺得"不自量力"，所以經常成為受嘲弄
的對象。蕭颯〈水月緣〉中的水月已四十五歲，在給一個孩
子形容為醜時，不得不承認自己老了。在為自己選擇再婚對
象而躊躇時，卻突然發現兩位可能的人選都離她而去，一無
所獲。同時，她的兒子也不諒解她，甚至在日記中表達不
滿：

我這樣的媽媽是不是像娼妓？【149】

看來，作者亦並不站在水月的立場，在小說結束時，有一段
引自谷中清泉的箴言：

> 人不能愛兩個相反的東西，正像不能同時走兩個方向
> 一樣。一個人不能又卑賤又尊貴；也不能又慷慨又自
> 私，我們不能同時穿戴熱帶的衣服，又穿戴寒帶的衣
> 服。……我們若想一箭雙鵰，結果只有妥協。【150】

隱隱地譏諷了水月的兩頭皆空。施叔青〈常滿姨的一日〉的常滿姨，年紀也不輕，因為寂寞，經常借故纏著鍾星輝，結果還是失敗。以下一段，清楚地顯示了常滿姨的落空：

> 突然，床上的男人一躍而起，把雙腳從常滿姨的胸口
> 抽走，常滿姨撲了個空，人重重的趴俯到床上。‘阿
> 輝，別走，阿輝——’她聽到‘砰’一聲的關門聲，
> 下樓梯的腳步聲，然後，漸漸走遠了，甚麼也聽不見
> 了。【151】

作者在故事中，刻意地表達常滿姨勢利的一面，如對“餓瘦的”那種態度，惹人憎厭。但另一方面，她壓抑、掩飾得不到滿足的情欲，又隱隱透露了她的悲哀。看來，“青春”不再的女性若膽敢不安份守己，追求愛情或肉欲滿足，只會惹來訕笑或更大的痛苦、煩惱。

蕭颯〈廉楨媽媽〉中的廉楨媽媽更是值得我們深入探討的人物。她比水月、常滿姨年紀還大，追求年輕男性的熱情卻絕不遜於二人。從西奧多‧賴卡（Theodor Reik）的解釋來看，廉楨媽媽所追求的戴沂，可說是一個理想的自我（ideal

ego）的替代品（substitute），【152】故事中屢次強調他的年
輕俊美：

> 回臉只見是個白衣裝束的俊美少年，他長髮烏亮過
> 耳，全部妥貼的梳向耳後，皮膚白晰整潔，五官更是
> 清朗出眾。尤其是眼睛，亮爍有神。【153】
>
> 好像我（廉楨媽媽媳婦）在歐洲見過的一座少年裸
> 體雕像，一樣的眉眼，一樣的俊秀，只是戴沂的美是
> 一種純東方式的。【154】
>
> 那個很漂亮的孩子。【155】
>
> 那個很漂亮的男孩子。【156】
>
> 我（廉楨媽媽）活了這麼久，還沒見過這麼漂亮的男
> 孩子，眼睛像有許多話要說一樣，說不出的嫵媚。
> 【157】

所以，戴沂可說是"年青與美"的化身，是一把年紀的廉楨
媽媽的幻想、期望的投影。【158】他扮演了喚起她過去美好的
記憶的角色。廉楨媽媽在故事中有這樣的自述：

> 不過我真喜歡看到他，他美得叫人著迷，看見他，就
> 會喚起你一些最美好的記憶。【159】
>
> 真奇怪，其實他和戴沂長得一點也不像，可是我總覺
> 得在戴沂身上找到了他的影子。……很多年以前，一
> 個說他愛我的男人。【160】

馬庫色曾指出回憶是一種復活的方式，它可以不斷對抗、挑戰時間。【161】從這個詮釋角度來看，則年輕的戴沂對年紀已大的廉楨媽媽來說，應該不僅限於一般的情欲關係，而是還具有刺激、復甦生命力的重要意義。故事中就有一段強調在廉楨媽媽心目中，戴沂顯示的生命力：

> 他真是有生命的，活生生的，真奇怪，我看別人都沒有這樣的感覺，只有看到他，就覺得他才是真正有生命，是活生生的。【162】

或者，正是這種生命力，才是廉楨媽媽所根本在追求的東西。不過，廉楨媽媽在追求過程中一直受到的干預、壓力乃至最後的病死，無不象徵了她追求的枉然或者失敗。她自己也提出以下質疑：

> 年輕真好啊！還可以愛呢！為甚麼我就甚麼也沒有了呢？【163】

比起常滿姨落空後的哀求、不能自已及水月情緒失控、怒打孩子的態度行為，廉楨媽媽可說是較能清醒地意識到世俗眼光或者是社會一貫標準對自己的不公了。

最後，要談一談的是蕭颯另一本小說《小鎮醫生的愛情》中的中年女性月琴，她沒有新的戀情可供討論，但她與丈夫感情所起的問題卻可以讓我們再深入探討女性的年紀、外貌與愛情的關係。月琴本來：

> 雖然發胖，但從來不在利一面前邋遢的，她總是將自
> 己收拾得乾乾淨淨。【164】

但在發現丈夫戀上年輕的光美後，卻變得不理修飾：

> 頭髮因為沒梳理而鬆亂著，身上睡衣也縐得厲害。【165】

可見，男性的愛往往是女性裝扮的原動力。反過來說，丈夫
的新戀情也迫使月琴意識到自己身體的老化：

> 月琴沒有慢下她的動作，她終於找到她要穿的毛衣和
> 長褲，剝去絨布睡衣，露出鬆弛灰舊的肌膚。利一背
> 過臉去，不忍的。月琴卻也發現了自己皺摺下垂的胸
> 乳，她的臉變成了恐懼：‘你不要看我！我老了！我
> 醜了！我已經不是女人了⋯⋯。’【166】

以上一段，除了表達出月琴對自己身體狀況的驚覺外，更透
露了下列三個訊息。第一：利一覺察到月琴的難看；第二：
月琴也發現了利一覺得自己難看；第三：月琴把老了、醜
了，等同於“不是女人”。幾種因素交相錯雜，更迫使月
琴，甚至讀者明白到女性的年紀、外貌對愛情所起的關鍵作
用。再看作者屢次安排從利一眼中審視光美的青春：

> 光美就像他發現的一項藝術精品，是文學的，也是美
> 術的、音樂的，他無法從心靈摒除她。【167】
> 花裙子底下，是一雙細白修長的小腿。【168】
> 利一忍不住輕輕撫摸起那柔細的臂膀、頸項、臉孔。
> 【169】

並把月琴的過去與現在互比，甚至把月琴與光美比較：

> 年輕時候的月琴，也是這樣穿著入睡的。……她一年
> 一年在他眼底一點一點的發胖，老去，可是終究是他
> 的妻子。由年輕的月琴想到正值年輕的光美。這樣的
> 比較毋寧說是殘忍的，可是利一仍在隱痛中想著光美
> 細緻白嫩的雙足，毫無瑕疵。【170】

更加突顯了月琴的年老色衰，與失去丈夫愛寵的關係。月琴
後來決定離家經營花圃，但離家後身體反較前更胖：

> 利一心中一驚，她竟然比在家中又肥胖了許多。【171】

乃至死亡，無不象徵一切的不可挽回。此外，作者在故事中
對利一並未作出任何譴責。他一直是一個有道德操守，予人
好感的醫生。他對戀上光美、對不起妻子一事，並非不歉
疚、不自責，只是不能自己而已。況且，作者似乎也努力地
把這段婚外戀提昇為一種對美好事物、理想的追求，而不光
是情欲的問題。因此，月琴的遭遇更加顯示出女性無可奈何
的悲哀。

其他故事如蕭颯〈唯良的愛〉【172】、廖輝英《不歸路》
【173】及李昂〈外遇連環套〉【174】等等，無不是男性貪圖女
性年輕貌美而演出一幕幕的婚外情，這一點在下面"外遇"
一章中將會有所分析。

第五節　小結

早已有人以戰爭來形容兩性關係，而“愛情”則可說是兩性爭逐的主要陣地，從前面的討論來看，女性無疑在這個陣地中徹底潰敗了。女作家對女性的愛情遭遇並不樂觀。她們筆下的女性一面倒付出愛情，換來的卻不是執手同行的喜悅，而是痛苦與死亡。表面上，這些女性好像是心甘情願爲愛情殉道，但事實上，她們心底也埋怨愛情得不到回報。只是批評家往往爲其中的激情蒙蔽，傷其爲愛情殉道之餘，就無暇細察這些弦外之音。

其次，女作家亦沒有讓這些女性在愛情的苦痛歷練後，得到應有的成長。萬般折騰，有時反把她們推向死亡的絕境。對她們來說，死亡並不含有新生或解脫的意義，而是束手無策的失敗見證！

最後，要指出的是女作家在處理女性的年紀、外貌與愛情的關係時所表現的矛盾傾向。一方面女作家有時不免囿於傳統的寫法，對一把年紀仍然追求愛情的女性嘲弄一番；但另一方面，又隱隱寄託了她們的同情和諒解。她們對這個年齡的女性的內心世界，作了抽絲剝繭的剖析。其認眞程度，實非一般男性作家所可比擬。不過，同情也好、嘲弄也好，這些中年女性最後都不免失敗。可見女作家對女性的愛情道路，始終不敢存有幻想！

第三章　女性與婚姻

　　很早以前，性學大師靄理士（Havelock Ellis）雖然肯定婚姻制度存在的必然性，但已對它的"彈性"表示懷疑。【1】迄今爲止，對婚姻制度提出質疑的，也大不乏人。如卡倫‧霍尼（Karen Horney）就曾指出婚姻制度可能只是一個假象（illusion），它根本没法與人類生存的某些現象調適。【2】雖然婚姻制度受到如此的質疑，但它仍然是目前兩性結合最受人認可的方式，不少男女仍無可避免地選擇上了。在六位女作家的小說中，婚姻又是怎樣一回事？本章從以下三方面：一、結婚的動機；二、經濟與婚姻；三、婚姻生活，來探討她們筆下的女性。

第一節　結婚的動機

　　希望愛情能以一種結構形式固定下來的心理，往往是人類結婚的一個原因。【3】社會學家穆拉來爾（F. Muller-Lyer）在分析結婚的動機時，便不得不承認愛情所佔的重要地位。【4】不過，證之以六位女作家的小說，霍尼‧卡倫以下的疑問，似乎也非無理：

　　爲什麼婚姻往往表示了愛情的死亡？【5】

或者，就如賴德勒（ William J. Lederer ）及賈克生（Don D.
Jackson）的說法，人們根本就在蒙蔽著自己。他們自以為因
愛情而結合，實則上他們只不過是被一時的浪漫所陶醉。所
謂因愛而結合，只是一種錯誤的假設而已。【6】

　　六位女作家筆下的男女，在選擇婚姻對象時，愛情往往
不是首要或必要條件，實則的物質收益，才是重要的考慮因
素。在上一章討論愛情時，曾指出女性對愛情不計犧牲的執
著及專注。但這批女性，卻往往與婚姻無緣，能夠踏上婚姻
之路的，反而是一些較為實際、能撇開愛情為前題的女性，
因此，她們的結婚動機，亦多為現實或個人的利益考慮。雖
然不少現代女性在工作上的成就可使她們在經濟能力方面與
男性並駕齊驅，但有很多女性仍要倚仗男性的經濟供給，因
此，經濟能力仍經常是女性選擇結婚對象時的重要考慮因
素。

　　在廖輝英〈小貝兒的十字架〉中，敘述者的兄長便直斥
妻子是看準他有攢錢的本領才肯下嫁：

　　當初她見我年輕、公司體面、生財有道，才會那麼積
　　極要結婚。【7】

從後來男方生意失敗，女方便要求離婚，也可一再反映出後
者當初下嫁的經濟目的。蕭颯〈馬氏一家〉的晴芳，希望嫁
給小鍾，也是因為對方有穩定的經濟收入：

　　晴芳對小鍾這人實在談不上喜歡不喜歡，但是她極願

　　意嫁給他過舒適的鍾太太生活。【8】

施叔青〈晚晴〉的倪元錦，肯嫁給一個打從開始就不合心意

的丈夫，更完全是基於物質理由：

　　想當年，爲了讓出自己在家中所佔的位置，使父母、

　　弟弟的活動範圍鬆寬些，倪元錦嫁給這個從第一眼就

　　不遂心意的丈夫。【9】

她就像從事一宗交易般，只不過她是以自己作爲交易物而

已：

　　一直到這個比她矮了半個頭的男人出現，倪元錦睡夠

　　了地板，想念背脊平放在床席上的感覺。她用自己換

　　得了一張床，在床上以後的日子，她不願往下想了。

　　【10】

以上三個例子，除了第一個例子是丈夫的臆測，不能完全作

準外，其餘例子都顯示出女主角對自己的經濟目的非常自

覺。尤其是倪元錦，更是徹徹底底，純粹是爲改善經濟環境

而下嫁。不過倪元錦不只爲了自己而主要是爲了家人才作出

此舉，因此，熬了多年後，最後她也能擺脫這段婚姻，重投

貧窮的舊情人懷抱。

　　倪元錦爲了家人，不惜下嫁一個自己討厭的人。其他女

主角，也有一些是因爲聽命父母，嫁給自己不喜歡或陌生的

人。

　　廖輝英〈油蔴菜籽〉的阿惠母親，聽從父親的決定，下嫁了阿惠父親後，過了幾十年吵吵鬧鬧的婚姻生活。【11】李昂〈殺夫〉的林市，婚姻對象的選擇權完全操縱在叔叔手裏，嫁了給陳江水後，受盡虐待。【12】就算是較新一代，如蘇偉貞〈情份〉的于平慧及施叔青〈回首，驀然〉的范水秀，也得聽命於父母，才能決定婚姻對象。于平慧因為不能"對相依為命的父親說不"【13】，結果就嫁了給唐隸，一個"不像自己心目中的人"【14】，而遠離了自己鍾情的高岡。于父所以選取唐隸而非高岡，只因前者住得較近他們而已。范水秀與林傑生從認識到結婚前後不到兩個月。范決定下嫁，完全是父母的選擇。而范水秀父母所以看中林傑生，則完全是因為他是留美博士。在女兒備受虐待後，他們似乎仍然沒有懷疑自己的眼光：

　　其實按條件來說，哪裏找到贏得過傑生的？【15】

　　不錯，這門親事是我們長輩為妳定的，難道說不應該嗎？【16】

　　此外，寂寞亦是促成女性下嫁的原因。尼采（Friedrich Nietzsche）曾指出過：寂寞的人對他所遇到的任何事物，都伸手太快。【17】女性因為寂寞，也往往對婚姻伸手太快。施叔青〈困〉的大學畢業女生葉洽，慌忙中找了個留美博士王溪山：

再怎樣，兩個人在一起總比一個人強，更何況，做爲

家中唯一獨生女的葉洽，一逕是那麼害怕寂寞。【18】

蕭颯〈葉落〉的培芳，在抵不住寂寞之餘，再加上旁人的教

唆，就嫁了個自己都嫌棄的人：

伊受不了同事的唆弄，經不起母親來信的敦促，更耐

不住那份寂寞，伊嫁了一個連在禮堂行禮時，仍嫌惡

他邋遢的男人。【19】

蕭颯另一篇故事，〈水月緣〉中的清月，也是因給寂寞一時

蒙蔽，倉猝間再披嫁衣。事後她有這樣的反省：

清月也懊悔自己倉促草率的決定，更怨自己耐不住寂

寞，這麼糊裏糊塗的嫁了個既沒錢財又沒人才的男

人。【20】

亞歷山德拉‧西蒙茲（Alexandra Symonds）曾指出女性

經常把婚姻當作一個避難所，當她們在成長過程中遇到困難

或想從生活中撤退時，便會以結婚解決。【21】瑪琳‧格林

（Maureen Green）也有類似的見解：

還有許多人結婚是爲了逃避生活與發展，爲了突破困

境，或者僅僅打發時間。【22】

前面提到爲經濟利益而結婚的如晴芳、倪元錦等，其實亦可

歸入這一類，因爲她們都是不肯努力面對生活的困難，而只

求通過婚姻去解決。施叔青〈壁虎〉的女主角則是以結婚來

擺脫一些痛苦的經歷，她自己便有以下的自剖：

　　促成我產生背叛自己意識去跟一個我並不十分喜歡的

　　男人結婚是緣由他將帶我遠離，擺脫了少女時代一些

　　磨折心靈神經的苦痛記事。【23】

蘇偉貞〈不老紅塵〉的曾宇便是企圖以結婚來逃避與一有婦

之夫的戀情。【24】

　　羅伯特・塞登堡（Robert Seidenberg）認為婚姻是婦女唯

一可以選擇或接受的命運，只有通過婚姻，她們才能夠證明

自己的價值。【25】婚姻似乎是使女性唯一受到尊敬的途徑。

【26】對於中國女性來說，更是如此。與婚姻無緣的“老小

姐”，到現在還是文學家筆下樂此不疲的受嘲笑人物，與此

不無關係。因此，六位女作家筆下的未婚女性，每每以尋覓

佳婿為人生鵠的，一到若干年齡，便急急要把自己銷售出

去。

　　袁瓊瓊〈少年時〉的蘇小姐，不明所以，總之認定結婚

是女性必經的人生階段。以下對話，清楚地反映出一般女性

對婚姻的看法；同時，亦帶出了婚姻對男性、女性的不同意

義：

　　（大條：）‘對女人來說，結婚很重要嗎？’（蘇小

　　姐：）‘我不知道。’她輕笑一聲：‘反正我認識的

　　人全都結婚。’大條想一下：‘我也許不結婚。’

　　（蘇小姐：）‘當然，你是男的。’【27】

袁瓊瓊另一篇小說：〈海濱之夜〉的李恬，只是因爲到了適婚年齡，便自然地結婚了：

> 李恬已經二十六歲，到了該結婚的歲數，因之就結了。【28】

施叔青〈困〉中那群大學畢業女生，也是很好的例子。女主角葉洽就是在慌忙中找了個王溪山。【29】

　　當然，聲稱爲愛情而結婚的女性亦非全部絕跡，如蕭颯《長堤》的欣欣即是因與李碁熱戀而委身下嫁。【30】廖輝英〈玫瑰之淚〉的李衣黎與李成泰也是因相戀而結婚。【31】其他的女性角色，除了功利的考慮外，有時還會兼顧到愛情因素。不過，所謂"愛情"，正如前面賴德勒等所說，有時很容易讓人誤認。

　　瑪麗拉曼納（Mary Ann Lamanna）及艾格尼雷德門（Agnes Riedmann）曾把結婚的動機劃分成兩大類：反面的理由及正面的理由。前者如反叛、逃避、孤獨及社會壓力等；後者如伴侶的需求、感情的保證及做父母的願望等。更進一步推論，"反面的理由"並非幸福婚姻的基礎。【32】若依上述分類，則前面所舉的各類女性，除了最後一組外，結婚所持的，都可說是"反面的理由"，因而也就注定以後婚姻不幸福了！

　　當然，在六位女作家小說中，男性因功利而結婚的例子，並非闕如。如袁瓊瓊〈顏振〉的顏振，娶了民珍，完全是因為她可以幫助他照顧癱瘓的父親。【33】蕭颯《少年阿辛》的童建成酒後吐真言，直認因為與阿辛姊姊發生了關係，又看著自己沒有甚麼損失，不得已才以結婚解決。【34】蘇偉貞〈兩世一生〉的唐子民也是看準余正芳勤快、不愛說話，足夠做個太太，就娶了過來。【35】連〈紅顏已老〉中最不會算計的余書林，也是因為寂寞，娶了愛講話的守恬。【36】

　　從以上例子可以顯示出，六位女作家筆下，無論男女，結婚往往都抱著較為功利的動機。而女性，或者是因為女作家的描寫多集中於女性角色方面，例子顯得更為普遍。

　　前面已經交代過，在作者的安排下，投身愛情與婚姻的，往往是兩批不同性格的女性。因此捲進愛情者，儘管在愛情路上亡命馳騁，壓根兒就不會期望可以在婚姻中實踐她們的愛情。蘇偉貞〈陪他一段〉的費敏便曾對男友說：

　　交男友大概不是為了要結婚吧？【37】

〈紅顏已老〉的章惜也有以下的體認：

　　女人與男人之間，婚姻的確不是唯一的終站。【38】

　　在余書林跟守恬的這場戰爭中，她不要當個配角，搖

　　旗吶喊，再一登龍門，扶正稱王，她覺得反胃。【39】

以婚姻為人生鵠的者，則往往只是抱著功利的想法，對愛情不存幻想。

第二節　經濟與婚姻

在上一節中，曾指出有些女性在選擇對象時，往往以金錢爲衡量標準。當眞正介入婚姻生活後，預期的實際收益得不到實現或滿足時，衝突便很容易發生。

廖輝英〈小貝兒的十字架〉便是一個明顯的例子。起碼從敘述者及其兄長的角度來看，敘述者的嫂嫂便是處處以金錢爲著眼點的女人。不但敘述者從一個旁觀者的身份，可以察覺：

> 沒有錢，究竟留不住嫂嫂的。【40】

就連敘述者兄長本人，也興起這樣的怨歎：

> 我要有錢給贍養費，她還會和我鬧離婚嗎？我們的婚
> 姻，說穿了只是一個錢字。爲錢結，爲錢離。【41】

〈油蔴菜籽〉中，阿惠父親與母親爭吵不斷，只有在父親經濟能力較好時才能稍爲緩和。阿惠對母親便有這樣的評語：

> 她把錢看得重過一切。【42】

〈今夜微雨〉的杜佳洛在與羅長安談戀愛時，可以全面讓對方佔盡便宜，與程偉天結婚後，卻變得實際起來。在緊要關頭，即不忘冷靜盤索，保住自己的金錢：

> 丈夫，幾乎不是自己的了，最少她要保住自己辛辛苦
> 苦攢聚的錢財，給孩子一個保障。【43】

〈臺北婚姻〉的藍潮生，事業垮掉之時，亦即婚姻瀕臨危機之日。【44】蕭颯〈戰敗者〉的鍾劭南，生意失敗，也帶來婚姻的失敗。在妻子靜楨心目中，他一下子地位急降：

> 她看定了他是無能、無恥的，她對這種男人再也無法
> 忍受，她要離婚。【45】

難怪劉紹銘在評析蕭颯的小說時，不忘指出：

> 他（鍾劭南）婚姻失敗與做人失敗的理由完全一樣：
> 經濟失敗。靜楨‘冷眼’覷天下追逐利祿的男人，只
> 恨自己的劭南拋在塵埃後面。【46】

〈姿美的一日〉的姿美，有了一定的資產後，便毫不把丈夫放在心上：

> 有房子有店，現在沒有男人伊也餓不死，誰怕他。
> 【47】

《如夢令》的于珍，當實際金錢利益與“丈夫”林健民不能並存時，毅然地選擇了前者。【48】蘇偉貞《陌路》的黎之白，與殷子平仍能保住名存實亡的婚姻關係，金錢未必無關：

> 殷子平給她最豐厚自由的，便是金錢。【49】

　　從以上例子，可以證明經濟在婚姻中所起的影響作用。女性非常重視從婚姻關係中獲得的經濟保障。就算當初結婚的動機並非純為經濟方面，如阿惠母親只是順父命下嫁，但

實際的婚姻生活卻會逐漸教曉女性金錢的重要性。因此，丈夫的經濟能力，往往成爲妻子衡量婚姻滿意程度的指標。

　　不過，女作家亦有刻劃女性因金錢而選擇賣身給婚姻時的內心矛盾。

　　蕭颯《愛情的季節》的林佩心，在放棄窮困的男友潘健一而轉投富有的戴維良時，就曾在心裏作過一番激烈的鬥爭，這種內心掙扎，清楚地反映在她以下的反常舉動中：

> 突然林佩心伸出兩手，緊緊勾起戴維良的頸項呢喃
> 道：……'你要……就給你吧！反正……，我是個壞
> 人，沒有品德……。'林佩心再次趨身倒向戴維良，
> 將自己淚水濕漉的臉緊貼向他，輕輕在他耳畔有如哈
> 氣的說著：'你……，不要我嗎？我願意……，是我
> 自己願意的。'【50】

林佩心可說是通過招認（confession）與淚水去洗滌自己的罪過。她內心的矛盾、歉疚，迫使她在引誘戴維良的同時，擺出負罪者的姿態。這是一種平衡內心罪咎感的一種方法。或者，從另一個角度來看，也是一種以退爲進的策略。婚後，林佩心過著舒適的少奶奶生活，但總不愜意，曾一度離家出走。不過，在親眼目睹潘健一婚後家居的寒酸邋遢後，她終於返回丈夫身邊：

> 戴維良！你知道嗎？我現在才知道，原來……，原來
> 我還是你的人，……我……，無處可躲……。【51】

可見，現實生活的赤裸暴露終於迫使林佩心解開內心的情意
結，完全接受富裕的生活。所以，小說最後這樣交代戴維良
的感受：

> 他感覺得出來，這次，她才是眞正的、完完整整的從
> 此屬於他了。【52】

"從屬"、"眞正的"、"完完整整"等字眼，反映了林佩
心最後終於放棄內心掙扎，順服地過著受支配的生活。

此外，李昂〈殺夫〉的林市，在經濟上完全倚仗丈夫，
受盡虐待後，曾經兩次試圖自力更生。第一次行動：她向鴨
販買進鴨仔飼養，並親口表示：

> 我不知母的生蛋無形，不過我生了蛋要拿去賣，換米
> 和蕃薯籤回來吃。【53】

第二次行動是在林市堅決不肯就範，陳江水以斷絕米糧脅迫
後，林市飢餓，四處找工作討食：

> 好心的阿伯，我甚麼事都願意作，只要有口飯吃。
> 【54】

然而，這兩次行動都直接或間接地被陳江水破壞了。陳江水
知悉林市養鴨仔的目的後，就怒殺鴨仔：

> 陳江水反手操起豬刀，……陳江水從難罩上端伸進握
> 刀的手，使刀一陣砍殺，用力過猛將竹編的難罩也砍
> 破好幾處。【55】

在林市四出找工作時，人家一知道她是陳江水的妻子時，就
不敢僱用她，而陳江水知曉林市找工作後，對她更施以精神
虐待。陳江水所以阻止林市賺錢，反映了男性對女性擁有經
濟能力的恐懼，因為女性取得經濟獨立能力，往往意味著男
性控制女性的權力將被削弱。施叔青〈回首，驀然〉的林傑
生，對妻子范水秀恣意虐待，也是看準她沒有經濟能力。他
先就不滿意太太的陪嫁品，後來對於她沒有工作及經濟能
力，更是極盡鄙視，甚至形諸言語：

> 在外國人手中掙口飯吃，可真不容易。最好妳出去賺
> 錢，留我在家享享福，像當年我父親一樣。【56】
>
> 妳是我花錢娶來當太太的。【57】

不過，女性擁有經濟能力，卻不一定便能保證婚姻美
滿。廖輝英〈今夜微雨〉的杜佳洛，是一個能幹的職業女
性，但經濟能力只能為她帶來與丈夫離異後的生活保障。
【58】《藍色第五季》的季玫，與葛洪結婚後一直是家中的經
濟支柱，可惜葛洪在任意花用季玫的金錢後，並沒有善待妻
子。【59】

第三節　婚姻生活

　　在本章開首曾指出過有不少人對婚姻制度表示懷疑，龍應臺在評析蕭颯的《小鎮醫生的愛情》時，亦有類似的不樂觀看法：

> 夫妻之間再融洽，無奈婚姻這個制度本身無法滿足一個人所有的要求。於是有怨偶。……婚姻能醜化、僵化一個活潑的人。【60】

然而，從"夫妻之間再融洽"、"無奈"等字句，可見龍應臺並不感覺到夫妻關係的劍拔弩張，一切似乎只是婚姻制度本身的問題而已。或者，對《小鎮醫生的愛情》中的利一與月琴來說，的確可以這樣分析。不過，六位女作家的小說中，最常呈現的，卻不是這類婚姻關係，而是夫妻不但不融洽、不協調，甚至互相攻擊、傷害。在這些痛苦、或者不幸的婚姻關係中，女性又似乎較男性更不容易得到滿足。或者藹理士的說法可以作為參考。他認為女性對婚姻的付出較多，期望越大，因此失望越大。【61】六位女作家，亦往往著力刻劃這些已婚女性的心態。以施叔青為例，就有批評家指出她寫的婚姻故事，是從女性的角度出發。【62】而施叔青本人也承認：

> 全是從女性角度寫的。畢竟我在感情上與同性較接近，容易引起代入感。【63】

李美枝曾指出夫妻成長步調不一致是導致夫妻關係疏離的一個原因。【64】對六位女作家小說中的某些夫婦來說，與其說他們婚後雙方因成長步調不一致而關係疏離，倒不如說，他們在結婚肇始，根本已經不是協調的一對。婚後的生活，只不過把這種不協調加深及呈現出來吧了！

施叔青〈困〉中的葉洽，決定嫁給王溪山時，作者用了"自以為"三個字去否定、揶揄她的決定：

> 葉洽迎面對著王溪山寬闊的、男人的胸，自以為找到了可以依靠所在。【65】

婚前的短暫相處，沒有教葉洽認識兩人存在的隔膜。婚後的生活，才迫使葉洽不得不承認她與丈夫其實"沒有共通點，也找不出維繫兩個人在一起的理由，他們活在兩個世界"【66】。所以，當她看到影片中那個"對生命感到絕望，對婚姻生活疲倦了的女人"【67】，就湧起一種熟悉的感覺：

> 彷彿是在鏡子裏看到自己一般。【68】

在這裏，作者利用了影片中女主角的形象來表達葉洽對婚姻生活的疲倦感覺。葉洽與丈夫雖然努力彌補、溝通，但仍然打破不了兩人之間的隔閡。以下一段，作者以殘敗的菊花來暗示王溪山努力的失敗：

> 看看這一叢快要謝了的白菊花，喪氣的站在過高的酒瓶內，奇形怪狀的，葉洽不覺皺了皺眉。【69】

白菊花是王溪山特意帶回家的，作為對妻子關心的表示，也表現自己的情趣。可惜的是，他並沒有注意到菊花的凋敗，可見他的努力徒具外表，實則上並沒有任何改變。葉洽的皺眉表示了她也意識到丈夫努力的徒然！蕭颯〈死了一個國中女生之後〉中的藍先生和藍太太，似乎也存在著問題，起碼在他們女兒藍惠如心目中，有這樣的印象：

> 她知道她媽媽很後悔憑媒妁之言就結婚，她嫌她爸爸
> 只會做生意，沒有一點藝術修養，她媽媽可是很棒
> 的，會彈琴，喜歡看書，欣賞畫展。【70】

若根據藍惠如的觀察，藍太太與藍先生根本在結婚肇始，性情上已有距離，而藍太太亦意識到這種距離，並嫌棄丈夫沒有藝術修養。廖輝英《藍色第五季》的季玫，在鬧離婚時，有這樣的憶述：

> 一結婚，不久就發現錯了。【71】

其實在訂婚不久，季玫就意識到：

> 難道，這是一個萬劫不復的、錯誤的開始？【72】

不幸言中，婚姻對季玫來說，的確是這樣不堪！她從未與丈夫享受過相濡以沫、執手同行的滋味。以下，作者通過與另一對夫婦的對比來顯現季玫與丈夫的疏離：

> 季玫從後視鏡看到李志遠和宋少茹依偎著睡了，她偏
> 過頭看看冷冷專注著開車的葛洪，突然覺得那是一趟
> 寂寞之旅。【73】

她只能用"心死"【74】——滅絕感情的方式，才能迫使自己繼續在這段婚姻中生存：

> 季玫突然發覺，她自己不知何時，已把這婚姻的感情
>
> 因素滌除，只剩下最具體的現實因素了。【75】

然而，婚姻關係到了這個地步，似乎已是名存實亡了！蕭颯〈葉落〉的葉培芳，只因怕寂寞及耐不住別人的催促，嫁了一個自己並不喜歡的男人——陳，在葉培芳眼中，陳是怎麼看也不順眼：

> 當初怎麼會答應陳步上禮堂，至今伊還想不透，那麼
>
> 窩囊的一個男人，行事，說話，甚至作愛都像是缺根
>
> 作主的骨頭。【76】

婚姻生活並沒有拉近兩人的距離：

> 他們沒有應酬，甚至沒有共同的嗜好。【77】

而只是迫使她面對這種不協調。最後，她把對丈夫的不滿都發洩在他悉心培植的花木上：

> 培芳咬牙切齒的說，那些花木可是陳下的種。一天夜
>
> 裏，培芳睡不著，起床上廚房澆了壺開水。夜裏涼風
>
> 似水，伊伶著水壺的手有些顫抖，但還是穿過玄關，
>
> 用那壺沸水，澆淋過每一株陳細心栽種的花木。【78】

若照瑪麗拉曼納及艾格尼雷德門的看法，這可說是一種"軟性的攻擊"（passive-aggression）手法：

> 不直接而間接的對某人發洩其惱怒。【79】

葉培芳是透過破壞

（sabotage）及轉移（displacement）的途徑來完成她的軟性攻
擊，亦即是"試圖破壞、擾亂對方所計劃的活動"【80】或是
以"他人珍惜寶貴的事或物做爲發洩的對象"【81】。種花是
培芳丈夫的唯一嗜好：

> 陳除了種些花草外，甚麼也不喜歡。【82】

所以，培芳很自然地以那些花木爲自己的軟性攻擊對象。不
過，這種攻擊手法，只會把原本已不協調的婚姻關係再推向
不可挽救的地步：

> 從此，夫妻倆不曾再說過任何一句話。【83】

最後二人宣佈仳離！

　　蘇偉貞〈懷謹一日〉的懷謹，表面上與葉洽、葉培芳、
藍太太等人不同，因爲她是經過一番熱戀才結婚的。婚後，
她卻發覺婚前的所謂熱戀，只不過是一場"鏡花水月"——幻
象而已。婚姻把這個幻象徹徹底底地刺破了：

> 她記得每次天冷，他們在公園散步總說：'等以後我
> 們有了家……'有時候還故意跑到海邊吃風，想把兩
> 人的愛弄得更悲壯。他們的愛太平順了。他對她說過
> 的話，不用翻老帳，她全記得。現在兩人這樣生活
> 著，也不覺得尷尬，以前撒的大謊，一場鏡花水月，
> 如今全被反映。【84】

罕見，德尼‧魯熱蒙即有所分析。【86】檢視中國的現代小
說，張愛玲的〈傾城之戀〉在這方面便有很好的發揮。不過
白流蘇與范柳原的一番"角逐"，最後卻把他們推向了婚姻
的相濡以沫。【87】我們的女主角，在一番"鬥爭"以後，卻
只能面對殘敗的婚姻。

　　袁瓊瓊〈燒〉中的安桃，與清肇結婚後，經常處於"備
戰"狀態。從下列句子即可看到：

　　安桃勝利地說。【88】

　　她的權力範圍逐漸被佔領。【89】

　　她不願在對決的時候做輸的一方。【90】

　　夫妻間這種曖昧的角力裏，她不願認輸。【91】

　　她贏得的就越多。【92】

　　她的好勝心甚至壓制了好奇。【93】

　　然而把他鎖在家中，使安桃覺得自己控制了他。【94】

其中的"勝利"、"權力範圍"、"佔領"、"對決"、
"輸的一方"、"角力"、"認輸"、"贏得"、"好勝
心"、"壓制"、"控制"等字彙，都可說是與戰爭有關
的。由此可以反映出他們在婚姻中的對峙關係。安桃一直想
控制清肇，卻引致後者更大的反抗、挑釁：

　　他不再理會她的規則，她的時間表。延誤了時間後，

　　他往往拖得極晚。安桃總等著他，屋子裏燈火通明。

> 而清肇回來後，即不解釋也不慚愧。她鬧他就打她，
> 摑她耳光，使她臉頰腫得一禮拜不能講話。【95】

而安桃也不甘示弱，不願露暴自己的介懷和在意：

> 隱匿是安桃的方式，每次她要發怒時，她總是像蠶繭
> 似的，將自己裹得紋風不透。用極限的冷漠與平靜覆
> 住內心裏尖刻的怒氣。到後來，形式成為內容，她就
> 只剩下平靜與冷漠。【96】

賴德勒及賈克生曾指出：

> 鬥爭狀態之夫妻並不是為某件事而爭執，他們是為了
> 誰對此事有發言權而爭執；一方感覺到對方正在藉故
> 表達其優越感，其反應乃是為此而戰而非爭甚麼是非
> 曲直。【97】

簡單來說，是為鬥爭而鬥爭。安桃與丈夫的關係，正可以這
樣解釋，所謂“形式成為內容”，不就是最佳說明嗎？在這
場“角力”中，安桃終於乘著清肇生病，取得上風：

> 病人像個無機體似的不動，任她擺佈。【98】

然而，安桃的“勝利”，與真正戰場上的勝利，在性質上有
很大的不同。安桃的所謂“勝利”，似乎只是一種“假
象”，安桃並非不愛丈夫：

> 她非常愛他。【99】

> 不管怎麼說，一直到最後一刻，她都愛著清肇，甚至
> 到現在還愛著的。【100】

> 不管怎麼説，一直到最後一刻，她都愛著清肇，甚至
> 到現在還愛著的。【100】

只不過，她的愛是要通過“戰鬥”的變形手段才能曲折地表現出來。她其實非常著意丈夫，當丈夫以挑起她的妒意爲能事時，她並非眞的不在意，只是在好勝心的驅使下，才把怒意壓抑下去。她不能以正常的手法來維繫二人的關係，只能藉著丈夫生病時，才能暫時保得住夫妻的親密關係：

> 現在往回想，長久以來，清肇不曾跟她這樣親密過。
> 一直到他死亡，一共是十四天，這十四天裏只有他們
> 兩人在一起。只有他們兩個人，沒有任何別人。十四
> 天，清肇完全屬於她，跟任何人都無關。【101】
> 她覺得她這一生，是這一段日子，她覺得與丈夫最親
> 近，只有這段時間，他們兩人完全相屬，不受任何干
> 擾。【102】

因此，丈夫最後病死，安桃反而覺得平靜、安詳。清肇不可能再與她抗衡了：

> 這兩個月裏她非常平靜，一切的攪擾、不安、猜疑、
> 妒忌，都去了。就這兩個月裏，她甚至胖了點。清肇
> 的死亡使她覺得安詳，她終於完全地有了他。【103】

賴德勒及賈克生曾指出有些人“不自知，藏身於‘愛’的僞裝之下，他們正在謀殺自己的婚姻，傷害自己的伴侶”【104】。安桃或者也有類似的傾向，因爲正是她的“刻意”關

愛，把丈夫推向死亡的深淵。不過，安桃的愛是否純粹只是
一種僞裝而不具有眞正愛的意義，卻並不是這麼容易分辨。
較爲清楚的是，安桃的愛是以控制、駕馭的形式表現，清肇
卻並不接受這種形式。因此，安桃只有藉著後者的生病及死
亡，才能成功地表現她的愛。蘇偉貞〈兩世一生〉中余正芳
與唐子民的婚姻，更加讓人產生這樣的感覺：婚姻不但不能
使兩個原本不相干的人建立親密的關係，反而有助於誘發人
類好鬥的劣根性。不管是否兩敗俱傷，總之誓要打倒對方。
余正芳是婚後才顯露她的好鬥本色，婚前"不太愛說話"
【105】的她，婚後卻完全是另一回事：

> 總好是結過婚了，一切塵埃落定，連潑辣也有了理
> 由。【106】

她也意識到與丈夫的陌生疏離。婚姻並沒有把他們結合在一
起：

> 她的婚姻也像這樣，本身的生命沒有滲入別人的歷史
> 中。【107】

甚至是他們的孩子，也沒有反映兩人的融合關係，反而更劃
出兩人的界限：

> 二個孩子，一個像她，一個像唐子民，連孩子也沒有
> 揉和彼此一部份。【108】

結果，她以自虐虐人的方式去發洩她對婚姻的不滿。她從不放棄任何可以整鬥丈夫的機會，不過，這種對別人的傷害、刻薄並不能平息她的怒氣、不滿，反使自己受盡傷害：

> 與其說是疲倦，不如說是厭倦了，變成了恨，她是：
> ‘唐子民，你別想離婚。’說得斬釘截鐵外加咬牙切
> 齒。【109】

> 說來說去、理由太多，都是這輩子償不完的恨事，她
> 空自在那裏鬧著。愈鬧空白愈大，恨的迴響也更大。
> 【110】

或者，就應了她的“假想情敵”李珉對她的批評：

> 何必輸那麼慘？【111】

作者曾以“活像就義的烈士”【112】來形容她往找丈夫與李珉晦氣時的神情。這樣的描寫影射了她與丈夫的關係就像戰場上互相廝殺的雙方。“活像”二字，亦暗示地嘲弄了她並不是真正的就義烈士，因為婚姻中根本不需她扮演這樣的角色。她那固執而錯誤的扮演，不但反映了她對婚姻的束手無策，也只會為她帶來更大的不幸！

第四節　小結

在上一章中，曾指出六位女作家筆下的女性，在愛情的徵逐中，是徹徹底底落敗了。在婚姻中，表面上她們雖然有

　　本章第一節從結婚的動機分析，得出的結論是：這批二十世紀的女性仍然"勇"於繼承傳統，結婚多是由於現實或功利的考慮，而非基於愛情因素。因此，第二節就集中地剖析經濟與婚姻的關係。女作家在這方面並無偏袒女性，她們固然處處不忘攻擊男性因為獨享經濟大權，對妻子恣意凌虐，但同時亦反映出女性勢利的一面。此外，對一些女性既想得到男性供養，又欲抗拒男性的內心掙扎，也能清楚說明。

　　最後一節，更展示了現代夫妻關係的隔膜疏離。在劍拔弩張的對峙形勢中，女性不期然地以戰鬥的姿態來對抗本應是自己最親密的人。婚姻中的和諧因素，早已蕩然無存。女作家用盡全力描述婚姻的不協調、疏離感、對抗性，在在顯示出女作家對婚姻缺乏信心！

第四章　　女性與性

　　據哈里・卡特納（Harry Cutner）的研究，婆羅門教的
"悉法"，不但爲生殖之神，同時亦爲毀滅之神。因此，
"悉法"與諸神鬥法的怪誕傳說，可以暗喻性欲：

　　一方面固是最慈惠的生命之源，最偉大的化育能力，

　　但他方面也是一種難控制的強暴，最兇悍的破壞力

　　量。【1】

性欲的一體兩面，於此得到很清楚的闡明。劉再復在《性格
組合論》中也有這樣的結論：

　　情欲本來無所謂善，無所謂惡，但是，自身卻有雙重

　　的潛在可能性，既有導向惡的可能性，也有導向善的

　　可能性。【2】

這自然是比單視情欲爲善、美或者爲惡、醜的片面說法較爲
折衷及富彈性。【3】不過，亦因爲這種可善可惡、可美可醜的
可塑性，人們對於性的態度，往往非常混亂。對女性與男性
來說，性更經常代表不同的意義。【4】以下將會透過經濟、性
需要、性反抗及性的積極性四個層面來探討六位女作家小說
中，性與女性的關係。

第一節　性與經濟

　　女性把自己的身體作為交易物，以換取經濟利益，最直接莫如表現在妓女與嫖客的關係上。不過，從第三章所顯示，有時婚姻亦表現了這種交易的特色。婚姻是性關係的合法化，然而，男性卻經常以暴虐的姿態執行這種性生活的權利，女性不但享受不到性的樂趣，反而受盡侮辱。

　　以〈殺夫〉為例，林市在長輩的操縱下，毫無選擇地嫁了給陳江水，在經濟上過著完全受支配的生活。陳江水似乎只視林市為洩慾對象，而林市則由此換得“食”的供應。李美枝在《性別角色面面觀》中即曾指出林市是“以性服侍、服從換取丈夫的豢養”【5】。而古添洪亦以“對等原理”（principle of equivalence）來剖析這種性與食的關係：

　　　飢餓與性連結在一起，而各描寫局部朝向了對等：或
　　　塞得滿咀而食物兼唾液流向臉頰，或下半身裸
　　　著。【6】

其實，單從別人的傳言，也可以測知林市在這段婚姻中扮演的角色。陳江水能娶得林市，據說是因為給了林市叔叔一些好處：

　　　殺豬仔陳每十天半月，就得送一斤豬肉。這種現拿現
　　　吃，在物質普遍缺乏的其時，遠遠好過其它方式的聘

> 禮，無怪四鄰羨豔的說，林市身上沒幾兩肉，卻能換
> 得整斤整兩的豬肉，真福氣。【7】

林市身上沒幾兩肉，卻能換得豬肉的說法，表面上只是笑
謔，但卻暗示了林市的身體被出賣了。別人的不當回事，也
預示了以後林市的孤立無援。在整個故事的發展中，李昂始
終沒有離開"性"與"食"對等這個題旨。新婚之夜，陳江
水剛履行過"作丈夫的義務"【8】後，就給了林市"一大塊
帶皮帶油的豬肉"【9】。而林市亦逐漸認識到兩者的密切關
係：

> 因而，幾近乎是快樂的，林市走出房間，趕向灶前。
> 這已經成為一個定例：在陳江水要她的那一天，他會
> 帶回來豐富的魚、牡蠣，偶而還有一點肉片，再特別
> 的，居然出現有肝臟類的內臟。林市仔仔細細的翻過
> 今天放在灶上的食物，才滿意的回到廳堂。【10】

"走出房間、趕向灶前"八個字，清楚地說明了林市必須先
完成工作——讓陳江水洩欲，才能得到食物為報酬。前面所
引，在新婚之夜，也是陳江水先在林市身上取得滿足才給林
市食物，先後次序，清楚顯示了兩者的關係。陳江水的勝算
在握亦越形明顯。其實，陳江水正是有意讓林市知道必須讓
他洩欲，才能換取食物的供應。此外，"走出"與"趕
向"、"房間"與"灶前"在修辭上的相對，也有助於闡明
性與食的對等關係。"成為一個定例"則從次數的重複、非

偶然性來進一步加強這種對等意念。此外，陳江水以食物直接利誘林市一段：

> 飯再端上來，陳江水故意三、兩口津津有味的吃完，再惡意的引誘林市：‘你不餓？要不要吃一口。’林市盯看著晶白的米飯，一口口吞著口水。‘攢食查某要有飯吃，也得作事，妳要做嚜？’‘做甚麼？’林市遲疑的、怯怯的問。‘你先像過去哀哀叫幾聲，我聽得有滿意，賞妳一碗飯吃。’【11】

除了更清楚地列明“食物”是“性”的交換條件外，還帶出一個重要的訊息，就是陳江水企圖對林市身、心全面控制。不但要她的身體來洩欲，還要她在精神上表示降服。他要求林市哀叫，正是對她的尊嚴作出徹底侮辱。而林市最後始終沒有就範，或者正好說明了女性在身體受到男性蹂躪時，內心深處所作的一點抗爭、叛逆。故事結束時，作者仍然沒有放棄描寫林市在反抗陳江水的行動中“食”所具有的意義。林市手刃陳江水後，作者赫然安排了一個大嚼場面：

> （林市）再端來幾碗祭拜的飯菜，就著熊熊的火光蹲在灶邊猛然吞吃，直吃到喉口擠脹滿東西，肚腹十分飽脹。【12】

殺人後竟然立即不忘果腹，情節似乎有歪常理，但從另一角度來看，正是這種不合理，才能反襯林市受壓迫、受剝削之深。食是人類最基本的生存條件，林市卻連這種最基本的需

要都被剝奪了！第三章曾經指出，在殺夫之前，林市曾兩次
試圖自力更生，希望以勞力換取食物供應，不過兩次行動都
讓陳江水破壞了。當林市只有出賣自己（哀叫）而沒有其他
途徑可以獲取食物時，林市一舉把剝削者——陳江水除掉，成
爲文學作品中反抗男權社會壓迫的重要人物。不過，作者安
排了林市在神智不清、意識模糊的時候才實行殺夫這種行
動，從女權主義的角度來看，或有削弱她的反抗意識之嫌。
但林市只是一個傳統婦女，一直飽受男權勢力的欺壓，根本
不可能一下子有太大的改變，因此，這種安排並非不合情
理。至於林市年幼時母親被"捉姦"的一幕，更赤裸地呈現
了女性以"性"換"食"的原始關係：

> 阿母嘴裏正啃著一個白飯團，手上還抓著一團。已狠
> 狠的塞滿白飯的嘴巴，隨著阿母的唧唧哼哼的出聲，
> 嚼過的白顏色米粒混著口水，滴淌滿半邊面頰，還順
> 勢流到脖子及衣襟。【13】
>
> 而作母親的仍持留原先的姿態躺在那裏，褲子退至膝
> 蓋，上身衣服高高拉起，嘴裏仍不停的咀嚼著。【14】

女性的身體在供男性洩欲之餘，口中仍可大嚼，可見"性"
在這裏，已經完全被還原爲一種純粹的男性生理需要。女性
只是基於食的基本需求，便可讓男性任意發洩。

其他如施叔青〈回首，驀然〉的林傑生，看準妻子范水
秀沒有謀生的本事：

要你出去做事，妳會做甚麼？人家一看就知道不是來
留學的。【15】

才可以盛氣凌人，說得明白：

妳是我花錢娶來當太太的。【16】

結果，范水秀在性方面，只有處在被動的地位，受盡侮辱：

兩年來，范水秀被迫花在那床上的時間很多。每次丈
夫總是那麼猝然，那麼粗暴地按住她。她會在同一天
之內被要求好幾次。【17】

他伸出雙臂，把范水秀從腋下架起來，讓她跪在床
上，動手去剝她的衣服。連最後一件貼身內褲也被褪
下來時，傑生“叭”的一下開了床旁的檯燈。范水秀
赤身裸露於強光底下，一無遮掩。【18】

廖輝英〈旅人〉的尹文靜，赴英攻讀，當生活費發生問題
時，就成了只見過一次面的有婦之夫曾大元的外室。曾大元
的兄弟孫三明游說尹文靜時，就直接表明了曾大元的目的：

我大嫂這一、二十年來的身體一直不好，所以我大哥
可以說是一個人獨自過的。他今年五十不到，一個男
人家，又是身體健康硬朗的，這種日子不會好
過。【19】

尹文靜也深知自己只是個“洩欲的工具”【20】，她與曾大元
做愛時的冷感便反映了這種被作為工具的性質：

她機械式的虛應著‘丈夫’或每晚或隔夜的行房需
求。她躺在黑暗中，一點也不避諱自己的無感。……

> 她奇怪他居然毫無所覺或竟不在乎她的無感。每當這
> 個時候，她就想著自己竟是爲了一個爲了償付一紙契
> 約，而逐次在長期償還這筆欠債的神女。【21】

在第三章已指出過，施叔青〈晚晴〉的倪元錦，下嫁一個不
合心意的丈夫，完全是基於物質理由。因此，性生活對她來
說，只會反映出買賣的性質，令她厭惡：

> 朝橫裏發展的丈夫，像一塊門板，嚴嚴覆壓在她身
> 上，壓得她動彈不得，使她自覺像隻任人宰割的青
> 蛙，徒然地張著四肢……每次從他身體底下逃出，下
> 了床，把自己關在浴室內，洗了又洗……。【22】
> 丈夫像隻發情的公牛，在她身上橫衝直撞。……她自
> 覺是在賣，而且賣得如此廉價、如此不值得。【23】

把自己比作"青蛙"、丈夫喻爲"公牛"，性生活中的情感
因素，也就完全剔除，"性"於是純粹變成男性的生理發
洩。禹燕在《女性人類學》中有這樣的分析：

> 就性活動本身而言，她（女性）在性活動中沒有自己
> 的主體地位，她只是滿足男性淫欲的活的淫具。【24】

從以上論述的幾位女性與男性的性關係來看，女性正是在充
當著男性洩欲工具的角色。

　　林市、林市母親、范水秀、尹文靜及倪元錦等，都是因
爲經濟問題，才會在性方面受到男性的侵犯。大致來說，她
們同樣是處於一個孤立無援的地步。林市母親在丈夫死後，
不但得不到族人的同情幫助，還讓亡夫的弟弟侵佔了所住的

瓦屋。林市父母不在，叔叔對她也乏照顧，嫁給陳江水後，四鄰只會造謠生事，數說她的不是。范水秀雖有父母在堂，她的父母也非不愛護她，但礙於傳統的面子問題，並沒有給她援手。甚至心理醫生，也沒有站在她那一邊，所以林傑生就有恃無恐地對范水秀說過：

　　妳在這兒只有一個人，一個人。【25】

尹文靜在英國攻讀，更是孑然一身。倪元錦的家人，自顧不暇，似乎也無力提供任何幫助。安‧斯尼托（Ann Bar Snitow）曾說過，不被家族保護的性代表了恐懼、罪惡（terrifying evil）。【26】林市等人，不但得不到其他人的幫助，有時反而讓他們對自己造成更多的壓力、困擾。其實，正多少由於這些人的關係，林市等才會這麼容易在性方面受到男性的侵犯。因此，尹文靜最後得到林昭明爸爸許諾幫忙，才可能有機會“討回公道”。【27】而倪元錦也是得到大姐的指引，才有機會離開丈夫，重會舊情人。林市、林市母親及范水秀三人可沒有這麼幸運了！

第二節　女性的性需要

　　張愛玲筆下的愫細，因為對性無知，導致了其婚姻的悲劇。【28】在傳統教育的影響下，女性的確對性常抱著錯誤的

見解，甚至一無所知。早如佛洛伊德（Sigmund Freud）便已
指出過：

> 在女人方面，婚前嚴格的禁欲所導致的害處，更加明
> 顯。無疑地，教育傾其所能地壓制未婚少女的性欲，
> 無所不用其極。它不但禁止性交，盡力吹捧性的貞
> 操，而且還使成長中的少女對她日後的職責一無所
> 知。【29】

李昂〈殺夫〉的林市，結婚後備受虐待，固然主要由於丈夫
陳江水的殘暴，但林市對性的無知，未嘗不是做成這次婚姻
悲劇的因素。林市自少就缺乏適當的性指導，月事初來，即
引來以下的擾攘：

> 這類女性身體的變化，原是隱秘中由母、姊教給下面
> 年幼的女孩，林市的來潮在四鄰婦女中造成幾近公開
> 的笑談，婦人們以爲是林市的過度喧嚷。人們體諒林
> 市沒有阿母在身旁，慌張一定難免，但嘲笑林市躺在
> 地上，大聲喊叫：我在流血，我要死了。【30】

結婚初夜，林市對於性的體驗，也僅止於不安、驚恐：

> 那阻塞著甚麼的擴張感覺，令林市不安。林市驚恐著
> 想到昨夜。【31】

以後，丈夫一次一次的威迫，自然不會逐漸教曉林市性的樂
趣。因此，當她得悉阿罔官私通阿吉伯的秘密後，惘然不知
所解：

> 難道阿罔官竟是爲這個要偷阿吉伯，甚至到要因此上
> 吊，林市心裏想，如果眞是這樣，這究竟是怎麼回
> 事？林市不解的朝自己搖搖頭，努力想了一會，仍沒
> 有結果。【32】

林市對性可說是無知，而一些女性則因襲了傳統的想法，認
爲女性有性的需要是淫蕩的表現，只有男性才會追求性欲的
滿足，女性是沒有這方面的權利的。【33】她們對於自己的性
欲需要，刻意隱瞞，然而欲蓋彌彰，反而更暴露了女性在這
方面的欠缺。或者，就如羅素（Bertrand Russel）所說：

> 性欲的忍禁，反而會使之高漲。【34】

　　施叔青在〈常滿姨的一日〉中，便毫不留情地把常滿姨
這位對性渴求的女性的內心世界一步步迫開。表面上，常滿
姨是一個很傳統的保守女性，她甚至會相信“吐口水可以破
除霉運”【35】。所以看到一個“黑鬼當街撒尿”【36】，自然
就“連連吐了好幾口口水”【37】。看見畫圖中女人的光屁
股，也要罵一聲：“準是洋妞，才那麼不知羞恥”【38】。看
明白鍾星輝畫中光景，更羞得臉紅：

> 阿輝畫的是──中間比較複雜的，不正是一個女人的
> ──。【39】

不過，這些一時間的反應很快就被逐漸引發的情欲所撫平及
掩蓋。作者似乎極爲刻意交代常滿姨被撩起的欲念：

> 心裏可是一下被擾得亂騰騰的。【40】

> 折騰了一個上午，先是街上公然小便的那個黑人，又
> 是'餓瘦的'那張大屁股，然後是阿輝的這個。她緩
> 緩地躺了下來，兩隻手不自覺地往下伸去。【41】

當小電影的赤裸鏡頭出現時，常滿姨的情欲更被進一步引
發：

> 常滿姨雙手緊抓著膝蓋，享受一陣陣歡快的凌遲，動
> 彈不得。【42】

然而，傳統的觀念卻迫使常滿姨一再掩飾自己的欲望。作者
毫不留情地暴露、嘲弄常滿姨這種表裏不一的矛盾：

> '咳，世界變了，連這種東西也演出來給人看，'常
> 滿姨口是心非地：'你說，多丟人現眼呀！'她嘴巴
> 嘆著氣，心裏卻莫名的輕快。'羞死人了。'她說，
> 連自己也都沒覺察地微笑了起來。【43】

其實，就是通過這種'口是心非'的手法，常滿姨才能通過
'語言'來談論一些被社會習俗所禁止的話題。換句話說，
常滿姨或者正是通過這種方法，得到某種程度的變相滿足。
何況，這亦可算是一種初步試探的方式，當初步試探得不到
回應時，常滿姨進而以說話挑逗：

> 講宮廷的戀愛故事的，有好多地方，寫到老的女人，
> 專門和年輕男人要好 —— 其實，這也沒甚麼不對
> ——。【44】

再次得不到回應時，常滿姨唯有更進一步，加上身體力行：

　　常滿姨的頭胸漸漸俯下來，低得幾乎俯到男人的腳

　　上。'阿輝——'她迷亂地喚著。【45】

可是，這次是徹底失敗了。鍾星輝離她而去，留著個常滿姨

"趴在那裏，抓著男人睡縐了的床單，無聲的哭了起

來"【46】。從整個故事來看，在暴露常滿姨的不近人情、勢

利（如對餓瘦的態度）及矯扭作態一面時，作者是毫不留

情，甚至加以嘲弄的。但另一方面，作者亦寫出了女性膽敢

不"安份守己"，追求情欲可能會招致的挫敗。常滿姨的悲

哀也在於她明知自己不受鍾星輝歡迎仍鍥而不捨，賴著面皮

不走。當她最後的嘗試失敗，無聲地哭起來時，我們又再也

不忍對她苛責。

　　李昂〈殺夫〉的阿罔官則可以再讓我們看一看女性如何

隱蔽及變形地宣洩內心的情欲。阿罔官是一個守寡婦人，她

似乎經常從偷窺陳江水侵擾林市的過程中求取滿足。故事中

清楚交代了林市如何發現阿罔官的偷窺習慣：

　　林市有些詫異，阿罔官看來似乎已在土牆下蹲了許

　　久，以至她有一會都不能全然站直起身子。【47】

　　有一回林市伺機在陳江水稍不在意時一把推開他，翻

　　身下床才發現屋內無處可躲避，開門跳跑到外，清白

　　的月光下，阿罔官赫然的就站在院子裏的大門

　　口。【48】

　　一個模糊的意識閃過林市心頭，許久以前，她也曾在

　　陳江水剛要過她後偶而開門到外面，看到阿罔官在兩

> 家間隔的矮土埆牆處進也不是，退也不是。阿罔官該
>
> 一直在偷窺著她和陳江水。【49】

此外，從阿罔官媳婦和彩所洩露的"秘密"，也可隱約窺悉
阿罔官如何尋求性的滿足：

> 和彩提高嗓門大叫：'誰不知道妳的ＸＸ才是欠幹，
>
> 誰不知妳守的是甚麼寡，守到阿吉的眠床上去，誰不
>
> 知妳三天兩頭就得跑去給他幹才爽。'【50】

然而，跟常滿姨一樣，阿罔官也是極力掩飾自己這方面的興
趣。被林市發現偷窺時，她立即找了個藉口搪塞：

> 這堵土牆快倒了，我把它扶扶。【51】

以後，更以"不屑"的神情來掩飾自己的窘態：

> 清亮的月光下，她上揚的臉面有濃厚的明顯鄙夷神
>
> 情，看到林市抬起身來，著意重重哼一聲，才平緩的
>
> 回過身，慢慢走向自家門院。【52】

另一方面，阿罔官所刻意表現的強烈"道德感"：

> 像我，最有擔當，人一黑白講說到我，我表明心志，
>
> 就死給你看。你們大家看，我死不去就表示我做得
>
> 正，天公不愛我死，給我還魂回來講幾句公道話，像
>
> 林市這款查某，自己愛給人幹，餓鬼假客氣，
>
> 又……。【53】

其實就如常滿姨的吐口水、罵洋妞一樣，都是一種虛掩情欲
的手法，正如羅素所說：

> 激烈的道德通常是淫欲情感的反應，而發表嚴厲道德
> 批判的人，通常是滿腹邪惡的人。【54】

靄理士也有類似的說法：

> 在心理方面，對性衝動既不能不驅遣，而又驅遣不
> 去，結果是一個不斷的來復的掙扎與焦慮，而越是驅
> 遣不成，神經上性的意像越是紛然雜陳，那種不健全
> 的性感覺過敏狀態越是來得發展，這兩種傾向更會轉
> 變爲一種虛僞的貞靜的表現。【55】

此外，靄理士更指出了在這方面，女性比男性所受的困苦爲
大，因爲前者較後者在婚姻以外發生性關係的機會爲
少。【56】常滿姨與阿罔官同是女性，一個婚姻失敗，一個守
寡，性得不到滿足，又驅遣不去，於是表現爲一種虛僞的貞
潔，每每以道德批判別人來遮掩自己內心高漲的情欲。

　　施叔青的〈壁虎〉則揭示了一個女性（故事的敍述者），
由最初鄙視性到最後自己也必須經由性才能取得某種滿足的
心態。白先勇在評析這篇小說時曾指出，由於敍述者的嫂嫂
"壁虎女人"的介入，敍述者的家庭迅速崩潰。這個女人可
說是：

> 性的象徵，是屬於動物世界，一種超道德的自然力
> 量，——如狂風，如海嘯。當這種力量闖入人爲社會
> 中，其結果是死亡，是瘋癲。【57】

從另一個角度來看，這位“壁虎女人”的行為卻是隱蔽自己
情欲需求的傳統女性的一個大突破。她的宣言，直接地表明
了這點：

> 我不要這些，我要滿足，啊啊！我可要官能的快活
> 呵！我們確是只有愛欲和青春呀！【58】

結果，這種宣言震動了這個平素以精神生活為自足的家庭：

> 僅止是下一天，我的靈魂向上的么哥帶著懺悔回神學
> 院，……更驚人的是我的譽滿門族的二哥教我彈琴的
> 手指冷而且顫。【59】

敘述者雖然因此而鄙視、憎厭這位大嫂，但最後自己卻不能
避免也走上從情欲求取滿足的路：

> 我結了婚，可怪的是我竟過著前所不恥的那種生
> 活。【60】

因此，她只能以暫時“蒙蔽”自己來逃避“良心”的責備：

> 我現在只是盼望，盼望著秋天趕快過去，那時，即使
> 是廊下白牆上也不會有嘲笑我的可惡的壁虎了。【61】

壁虎可說是性的象徵，它的出現，提醒了敘述者她現在過著
的正是以往她所鄙視的情欲生活。她不願被提醒，所以不希
望見到壁虎。故事最後，敘述者卻強調：

> 最重要的，我需要毫無愧怍去接受我的丈夫的溫存
> 呵。【62】

多少反映了女性已經開始意識到：自己有性方面的需要並非罪惡。

　　不過，從另一個角度來看，女性對於性的渴求可能有時反而助長了男性對女性的控制。西蒙・特・波娃曾指出：

> 我認爲性可以是一個可怕的陷阱。……最糟糕的是有
> 的女人發現性是令人快樂的事，因而多多少少成爲男
> 人的奴隸──這可能是男人套在女人身上的鎖鏈的一
> 環。【63】

蕭颯在〈戰敗者〉這篇小說中，以"戰敗者"來形容離婚婦人靜楨，因爲她最後終於抗拒不了已婚的戴修年的引誘。作者在故事中，一步步地帶出靜楨對情欲的渴求。先是以一對緊摟在一起的男女來反襯靜楨的寂寞：

> 迎面來的是一對緊摟在一起的身影，近了，才看清是
> 個酒氣醺天哼哼唱唱的美國大兵，摟著妝扮濃豔的長
> 髮女人。錯過他們，靜楨更覺得冬天的淒冷。【64】

冬天的淒冷正好象徵性地說明了她內心的寂寞。以後遇上戴修年時，靜楨的欲念即被引發：

> 靜楨擱在他肩上的指尖有著那男人結實肌肉的溫馨，
> 握在他手掌裏的腰肢更是感覺著男人混身的力勁。她
> 有些酥軟，卻不便躺在男人懷裏，可是她真有那樣的
> 欲望。【65】

當二人關係進一步時，靜楨即壓抑自己的欲望，試圖反抗：

> 她的胸乳正搖在那雙厚軟的手掌中被搓弄著，她想掙
> 脫，卻又無以抗拒的癱軟了。男人的手更加肆無忌憚
> 的直往下面滑去，靜楨這才猛的把自己從迷亂中往外
> 抽，試著掙脫那巨大的手臂。很不容易的，戴修年會
> 過意來，闌珊的放了手。【66】

這一次的"勝利"卻沒有真正驅除了她心底的欲望，一次一
次的壓抑，反而把她的情欲推向爆發的高峰，最後她終於成
為戴修年手下的"戰敗者"：

> 那雙大手摟弄著她，毫不放鬆的，叫人喘不過氣來。
> 靜楨放棄了掙扎，她是真的要這個男人，這樣的丈
> 夫。【67】

這篇小說題為"戰敗者"，從故事內容來看，作者可能是想
企圖說明在男女的情欲關係中，女性往往是落敗的一方，男
性則成功地控制、駕馭女性。

李昂《暗夜》中，葉原與李琳的關係，更清楚反映了這
點。為著葉原帶給自己的性樂趣，李琳不惜竭力討好葉原：

> 從拉開窗簾的長落地窗透進來的光亮，他（葉原）清
> 楚在梳粧臺大片鏡子中看到跪地的女人（李琳）努力
> 討好他的姿影。【68】

因此，葉原可以隨意控制李琳。在做愛時，葉原要李琳說一
些貶抑自己丈夫黃承德，抬舉葉原的話，李琳也照說如儀：

'我要妳（李琳）說給我聽，說妳的丈夫從沒有把妳
弄得這麼舒服。'……'你不說，好，那我要走
了！'葉原翻身神情十分冷酷。'我（李琳）
說。'【69】

'我還要妳說給我聽，說妳的丈夫肚子太大……不
夠……'葉原說著感到好笑的笑起來，笑完才接續：
'不像我，可以插妳插得這麼深……把妳幹得這麼
好……'在滿足的亢奮中這回女人沒甚麼困難的跟著
說。【70】

從這段關係中，葉原似乎並非主要希望得到肉體方面的滿
足，也並不是想使李琳滿足快樂。他只是想證明自己的能
力，並藉此貶抑經濟能力比自己強的黃承德而已。西蒙·
特·波娃的一段話，在這裏可以幫助說明一下：

男人把床第看成滿足他侵略性的領域，他要求的是佔
有而不是接受對方的奉獻，是搶奪而不是去公平交
換。他對她的佔有甚至超過她能滿足他的，他要她同
意做個戰敗者，呢喃輕語地告訴他，她喜歡他野蠻地
摧殘她，供認她的快樂甘願屈服。【71】

葉原似乎也有把床第看為滿足自己侵略領域的趨向。李琳
在這段關係中，可說是一個"戰敗者"，她甘願屈服，任由
葉原操縱。

埃塞爾‧珀森（Ethel Spector Person）即曾指出，性的
"政治性"受到質詢是因爲性經常成爲表達權力關係的工
具【72】。葉原就是通過性來表達他的權力。奚密即有以下的
剖析：

> 性變成一種‘權力遊戲’，一場征服與統御的遊
> 戲。……就心理學的意義來看，他們（葉原、李琳）
> 在黃家每一房間做愛是葉原欲取代黃承德，推翻其優
> 越地位的象徵行爲。葉原屢改用來代替‘做愛’的字
> 眼（如：幹、弄、睡等）都是出自男性角度的及物
> 動詞，肯定男方在性行爲中的主動、操縱，而將女性
> 貶至一屈從的被動地位。【73】

第三節　女性的性反抗

在上一節中，曾指出丁欣欣對性坦然無畏的態度使葉原
無法不感到挫敗。其實換個角度來看，這未嘗不是女性反抗
男性控制的一個方法，雖然這個方法或許並不如一般反抗模
式那樣激烈或明顯。

丁欣欣與常滿姨、阿罔官、靜楨等人一樣，也有性的需
要，不過她不像她們般刻意隱瞞或壓抑自己的欲念。在葉原
面前，她毫不諱言自己的需要：

> 丁欣欣理直接道：‘我們（女性）也有需要
> 啊！’【74】

這種直認不諱的開放態度，反而使男性不能肆意通過性來壓
制、剝削女性。所以葉原在丁欣欣面前不能不感到挫敗：

> 倏地湧現的厭惡與憤怒使葉原尖刻的道：‘原來我成
> 為妳解決的工具了。’……他算真正清楚他在碰到怎
> 樣的一個對手。……可是在丁欣欣身上，葉原卻無法
> 不感到挫敗，因著丁欣欣始終無畏的坦然。……葉原
> 卻無論如何揮除不去他只是替她解決需要的想
> 法。【75】

因此，奚密亦有這樣的分析：

> 當男女雙方都得到樂趣時，性不再是一種權力遊戲，
> 一種男性駕御的權力象徵。當丁欣欣理直氣壯地肯定
> 女性的性需要與快感時……，葉的快感卻相對的消失
> 了。【76】

廖輝英《不歸路》的洪妙玉，對於性也抱著同樣的開放
態度，她毫不掩飾自己的性需要，直認：

> 我倒覺得，自己得到很大的快樂，佔了不少便宜
> 呢。【77】

因此，她的男友小張，和葉原一樣，無法不感到洩氣：

> 她，幾時把我當做男朋友看待？我只不過是滿足她性
> 欲的工具罷了。【78】

　　若說丁欣欣與洪妙玉對性的坦然態度可算是一種反抗男性控制的方法，那麼，〈殺夫〉的林市對性的"冷漠"態度也可以說是反映了另一種反抗模式。前面說過，林市從來沒有享受過性的樂趣，所以對阿罔官與阿吉伯的關係大惑不解。陳江水的性騷擾，她視為" 一天中最難受的時刻"【79】。西蒙·特·波娃認為女性的冷感反映了兩性的不安，是一種比較謹慎、適當的反應，可使女人較不仰賴男人。【80】說林市是性冷感，或者過份武斷，但她對性的不感興趣，確使陳江水意興闌珊，不能肆意從她身上得到滿足。嫁給陳江水之初，林市一直以哀叫來表示她受到陳江水侵犯時的痛苦，但當她發現這種哀叫聲竟被誤認為是做愛的享樂聲時，她堅拒再哀叫：

> 陳江水在有一會後方發現林市不似往常叫喊，興起加重的凌虐她，林市卻無論如何都不出聲。【81】
> 林市始終不再肯像過往出聲唉叫，使陳江水每每陷入瘋狂的狂暴怒意中。【82】
> 甚且用食物來威脅與利誘，林市始終不肯就範，陳江水只有一次次更甚的凌虐來折磨她，可是無論如何，林市就是不肯出聲。【83】

任由陳江水凌虐欺壓，林市就是不肯哀叫。到最後林市甚至拿起豬刀，斬死陳江水。在殺陳江水之時，恍惚之中，閃過林市眼前的竟是以前強姦林市母親那男子的形貌：

那軍服男子的臉，一道疤痕從眉眼處直劃到下
頷。【84】

這種安排，使殺夫的意義得到進一步深化。林市殺夫似乎不
單去除了自己所受的性壓迫，也爲女性一直以來所受的侮辱
討了個公道。張系國對於林市殺夫後燒掉紙人及大吃拜祭的
飯菜的意義，更有以下的解釋：

> 林市殺夫後燒掉供桌上擺放的紙人，大喫祭拜的飯菜
> 的一幕，從原始獻祭的角度去看，正象徵殺夫儀式。
> 通過這儀式，男性對女性的性的壓迫，才能被解
> 除。【85】

林市採取了殺夫這強烈手段爲自己去除性的壓迫。蕭颯
〈失節事件〉的邵婷，對於強暴她的劉申宏，也採取了激烈
的報復方式，她先用硫酸潑傷劉申宏，然後自殺。邵婷的行
爲，從某方面來看，可說是成功地對男性的侮辱作出報復。
但她的自殺，和她一直自傷身體再非完璧的態度，在在都反
映出傳統貞節觀念對她的影響。故事中作者即安排邵婷清楚
說出：

> 我是破東西，永遠修不好的，這些能改變嗎？【86】
> 我差一點都相信了……相信自己還是個好女人……可
> 是，可是……他們沒有放過我，你看見的，沒有……
> 我天天都清楚知道，我不是處女。【87】

邵婷並不是完全自覺自己受到男性壓迫而作出反抗，因此，她的報復，起碼從心理動機來說，並不能視爲是男性社會的眞正抗衡。

袁瓊瓊〈家劫〉中的方老太，只有一個白痴兒子方強，她另外收養了兩個女兒：方潔、方純。方強雖然是一個白痴，但也有自然的生理需要，方潔、方純便變成他的洩欲對象。方潔任由方強發洩，但懷了方強的骨肉後，卻堅決不肯生下來，結果被方老太打死。方純則打從開始，便抗拒方強的性侵犯，結果被壓跛了一條腿，最後卻代母伏罪，頂下了謀殺方潔的罪名。【88】方純的堅拒不屈，直接反映了對男性性侵犯的反抗。至於方潔，雖然在很大程度上接受了男性的生理侮辱，但她的不屈，則表現在她不肯保留方強的骨肉一點上。後來方純被壓跛了腿、方潔被打死，顯示了女性反抗男性勢力所付出的代價。此外，值得一提的是，方純最後代母伏罪，沒有揭露眞相，可說是反映了女性在男性社會中一貫的貞女受難形象。西方社會文化經常將女性劃分爲聖母（Mary）及夏娃（Eve）兩種典型。夏娃是墮落、引誘的象徵；聖母則是貞潔、犧牲、一切美德的化身。【89】方純恰好符合了“聖母”的形象。一方面她極力維護自己的清白，不讓方強玷辱；但另一方面，她犧牲自己，爲母伏罪，成爲代罪羔羊，正是聖母貞潔、犧牲受苦的美德的實踐。從這種“聖母”的原型描寫，或者可說女作家始終脫離不了傳統的男性寫作範疇，因為她們仍是按照男性的期望去塑造女性人物。但從全篇故事內容來看，方純的遭遇極易引起讀者的偏向或同情，正是這種偏向及同情，反而突出了女性在男性社會中所受到的不公平待遇。

　　蕭颯《愛情的季節》的林佩心，在戲院中受到陌生男子的性騷擾時，也作出抵禦：

> 當暖意再次推動，她猛的醒覺。那是一隻手，骯髒無
> 恥的手。林佩心脹紅了臉，狠狠一拳捶在那隻手腕
> 上，身旁男人悶哼一聲，立刻縮回了手。【90】

"骯髒無恥的手"可說是林佩心主觀的直覺，顯示了女性對男性無禮的反感。"狠狠一拳"則表明了女性亦毫不示弱，還以顏色。以下一段：

> 她沒有開口謾罵，嫌惡的快步走出戲院。外頭清冷的
> 空氣，一下子拂上臉來，林佩心忍不住打個寒顫，依
> 在鐵門邊大口大口的嘔吐起來……。【91】

更通過嘔吐這種生理反應來說明女性心理上對男性性侵擾的排斥。

　　最後要討論的，是李昂的〈花季〉和袁瓊瓊的〈夢〉。在上一節中曾分析過女性對性的渴求，這一節則說明了女性對男性性壓迫、侵擾的反抗。〈花季〉與〈夢〉，可說是寫出了女性徘徊於兩種思想的內心矛盾。愛德華‧福斯特在《印度之路》（*A Passage to India*）中，寫一個少女在岩洞中

產生被強姦的幻覺。【92】〈花季〉與〈夢〉的女主角，也有
類似的經驗。

　　〈花季〉的少女，一方面幻想著花匠對她圖謀不軌而意
欲反抗，但另一方面又失望於花匠竟然沒有任何行動：

> 他（花匠）會停下車子，轉過裝滿詭笑的臉，一把抓
> 住我（少女），……他的被陽光晒成棕色的，還含
> 著泥的手會掀開我的衣服，撫著我潔細的身子。一陣
> 厭惡湧上，我轉動一下坐姿，彷彿這樣就可避
> 免。【93】

> 在這張臉上我讀不出來情欲，有的只是已經斷欲的老
> 年人臉上才能有那種黝黑的嚴厲。我微有些失
> 望。【94】

> 花匠下車，緩緩的轉過身子。就要來了，我對自己
> 說，並退後一步。我的腿微微有些發抖，我懷疑我是
> 否能夠奔跑，但我的心中充溢著一種說不出的新奇和
> 興奮。【95】

　　〈夢〉的女主角，身體麻痺，長臥在床，也經常幻想送
報的男人欲親近她。作者清楚地表達了她那欲迎還拒的假
想：

> 略開了點縫，她伸出手去，接觸到門外的手，將那人
> 拉了進來。【96】

她的手撫過來，男人的胸膛，平而寬，馴安心的把臉
貼上去。……之後，他低聲的跟馴要求。馴老練而矜
持的說了：‘不行。’假如這是經常發生的事，那麼
馴是拒絕過許多次了。那人沒有反應，他的心跳一頓
一頓，開始像細微的嘆息。馴懂得。她懂得一切，而
且熟悉她自己的男人，她要安撫他，柔聲跟他說：
‘不可呀！不可以。’她拉下他的頭來吻他的
唇。【97】

以上二個故事，正可以用佛洛伊德的原我（id）與超我
（super ego）的理論解釋。一方面，性本能使女性很想和別人
發生性關係，但她們的“超我”，亦即是傳統的禮教、社會
的禁忌又迫使她們步步提防，唯恐受到男性的玷辱。【98】其
實，種種假設，無非都是女性一廂情願的幻想。花匠與送報
男人看來對她們並沒有任何企圖，因此，所謂“圖謀不
軌”，或者可看作是女性變形地滿足情欲的手法。

第四節　性的積極意義

國分康孝在《女性心理學》曾從正負兩方面來看性的作
用：

性行為中的身體方面（獲得身體滿足），具有作為發
展愛的有力的強化因機能。除了身體的強化因以外，

> 性交還伴隨著情緒的、社會的、心理的因素。這些因
> 素，既可以成爲正的強化因，也可以成爲負的強化
> 因。【99】

從前幾章的分析來看，性，起碼對女性來說，似乎只有負面
的因素。其實幾位女作家，並沒有完全忽視性的積極意義。
不少評論家已指出過性行爲的表現對男性自我肯定的重要
性。【100】以此爲題材的文學作品，並非罕見，女作家自然也
感興趣。施叔青〈一夜遊〉中即有以下一段：

> 伊恩頹然扒扶到女人的肉體上，尋找他去熟的地方，
> 拼命向她擠進去、擠進去，彷彿唯有如此，才能證明
> 自己的存在。【101】

不過，女作家的突破處卻並非在此，而在於她們能同樣正視
女性這方面的需要。正如貝蒂・弗里丹（Betty Friedan）在
《女性的奧秘》（*The Feminine Mystique*）一書中所指出，以
性作爲證明自身存在的概念，不僅體現在男性身上，也體現
在女性身上。【102】

　　李昂〈莫春〉中女主角唐可言有過一段同性戀關係，但
卻不能達到她自證的目的：

> 當認識 Ann，希圖作種奉獻並從中求得滿足，她必得
> 承受 Ann 在這方面甚至不能給她證實的無奈。【103】

因而她有以下的體認：

那些僅存傾向的人，男女間性愛可以是種調整關係，

經由性愛作接觸，逐漸能少去不確切的恐懼與猜疑，

會使得自身清楚起來。【104】

一直到她認識了李季，並發生關係，才逐漸從他身上得到探索自身的機會：

她覺查他真正探進她裏面最深的可能，潛藏體內的未知部分悉數被開發了。【105】

不過，全篇故事中，最令人尋味的卻是唐可言的幻夢：

雕花高大的紅木床上平躺著一個女人，似是赤裸著，卻又看不清她的上身，唯一吸引注意的是在一片模糊中她有突起而長的生殖器，中間卻隱約又有開口裂痕，既不屬男性也不是女性，一個受僱的男人（的確是受僱的，哥哥正和他講價）在她身旁，用他的男性替她治療。【106】

這個幻象可以從象徵的意義去解釋。明言是"女人"，卻又性別特徵不明確，而要僱一個"男人"去"治療"，是否暗示了女性必須依靠男性，換言之，即是通過性關係，才能證明自己的女性身份？更惹人遐思的是，那個男人是"受僱"而來的，作者就特別以括號內的文字加強這個意念。一般來說，多是女性被"僱"，即被當作工具看待，李昂的反其道而行，是不是女作家為女性爭取平等的表示？或者，"雙性同體"（Androgyny）的觀念在這裏可以給我們更多的啟示。

從某種女性主義的角度來看，"雙性同體"是人格發展的最
終理想，是消除男女不平衡關係的路向指標。它指涉的是一
種象徵意義，並非實指生理上的雌雄同體。【107】在上面的引
文中，李昂一方面把這種人格上的理想目標落實到具體的生
理層面上，使意義明朗化；另一方面又以幻夢的形式來構築
及表示其象徵意義。虛虛實實之間，實在難掩李昂伸張女性
主義的企圖。再從以下的描寫：

> 似一種溫柔的吮觸，緩緩在注入生命基礎源泉的安
> 慰。【108】

更表明了性除了讓女性可以從中得到自證外，更含有生命被
充實的積極意義。施叔青〈悝細怨〉的悝細，也是與洪俊興
發生關係後才覺得生命的充實：

> 他覆壓在她身上的重量，使她一下子覺得生命充實，
> 他的唇吮吸著她的，一寸寸吸進去，吸進她荒蕪已久
> 的內裏。【109】

李昂〈西蓮〉中的陳西蓮母親，與丈夫雖早已離異，年近五
十，卻似越來越年輕，人們便紛紛猜疑是因爲性的關係：

> 鹿城鎮的人們逐漸的注意到新臨母親身上的光彩，年
> 老歷經世事的女人們，猜疑是那件事，新近結婚的女
> 人，微些扭怩的閒談中說出她們的看法：除了那等
> 事，還有甚麼可使得一個臨近五十歲守活寡的女人如
> 此的光彩？【110】

至於〈殺夫〉的阿罔官，作者是這樣形容她偷窺了陳江水侵犯林市後的臉容：

　　春日的陽光照在她臉上，竟似閃著一絲紅霞。【111】

表面上，阿罔官臉上的紅霞是源於陽光的照映，但實際上，亦暗示了她通過偷窺方法取得性滿足，因而面透紅光。其實，從蘇格拉底（Socrates）到佛洛伊德，便一直把性視為人類生存的動力。【112】上列例子，恰好說明了性對女性也同樣存著這種積極意義。

　　最後要討論的是性與愛情的關係。性愛作為表達愛情的重要方法，已為不少人所肯定。這裏再以國分康孝的話作為引子：

　　在定義愛的時候，考慮到愛包括希望接近所愛的人、
　　希望親密、希望接觸這種強烈的要求。確實，性交可
　　以充分滿足我們的這些要求。通過結成親密的關係來
　　滿足這種學習的要求，會使我們非常滿足。【113】

雖然在六位女作家筆下，愛情與性愛不相配合的例子固然多的是，就如李昂《暗夜》裏葉原所作過的一句詩：

　　愛情壓碎在席夢思上。【114】

床（席夢思）往往是男歡女愛的地方，愛情在上面"壓碎"，可見性與愛的不相容。不過，女作家亦沒有忘記性愛可以表達或強化愛情的課題。

前面所舉李昂的〈莫春〉就是一個值得探討的例子。雖然唐可言當初並非因爲情不自禁才與李季發生關係：

> 身旁的男人，不是她所厭惡亦並非深愛著。唐可言清
> 楚知道，她之所以答應李季，僅因爲那夜晚他們無法
> 趕回家，可以有適當的時間，她亦考慮到李季與哥哥
> 間的熟識，絕不至往後事情會鬧開至使她難
> 堪。【115】

但這種關係卻促進了二人的相知，愛情因此萌生，唐可言"突然比往常發現對他較多的依戀，她固執的反覆告訴他：'我是愛你的。'"【116】李季對唐可言，也直承：

> 我的確是愛著妳的，也許用我的方式，不爲最初那夜
> 是妳第一次，那並不重要，……而是我好像重新認識
> 了妳，尤其往後在一起，使我覺得能開始以不同的方
> 式來瞭解一個人。【117】

性愛成爲兩性溝通的橋樑，是增進彼此認識、了解的手段。難怪最後女主角甚至賦予性愛救贖的重要意義：

> 她因而更相信自己的抉擇——那在最無望時刻 依然
> 懷抱的信念——男女間的性愛才能達到真正完滿，以
> 及可以是一種救贖。【118】

李昂的另一篇故事〈雪霽〉的男女主角，也是經由性愛來證明彼此的關係：

> 他們都是需要證明的，宋言研困倦中想。尤其是蘇
> 枋，更似乎永遠需要以此來證實彼此間的關
> 聯。【119】

〈轉折〉則寫一個少女，愛上了一個有婦之夫，明知戀情無
望，卻要求與他共渡一宵，藉以表達內心的深情：

> 她要的並非是那事情本身，而無寧只是一種獻身與被
> 接納合而為一的渴欲。【120】

性愛在這裏突破了純粹生理需要的層次，提昇為一種表達愛
戀的心理行為。尤其是對比起這位有婦之夫與妻子那"純然
生理的發洩"【121】的性關係時，少女欲從性愛中滿足愛戀的
心理因素，就更為突出。此外，在第二章中，曾詳細分析
〈陪他一段〉中費敏與"他"那一面倒的愛情關係。其中那
"若隱若現"的性愛關係，亦可說是費敏情深而不惜付出的
結果：

> 她叫他到床上躺著，起初覺得他冷得不合情理，貼著
> 他時，也就完全不是了，他抱著她，她抱著他，她要
> 這一刻永遠留住的代價，是把自己給了他。【122】
> 他們每次的'精神行動'不能給他更多的快樂，但是
> 他太悶，需要發洩，她便給他，她自己心理不能平
> 衡；實體的接觸，精神的接觸，都給她更多的不安，
> 但是，她仍然給他。【123】

不過，值得注意的是，這種因愛而不惜奉獻自己的做法，似乎含有較大的犧牲意味。

第五節　小結

前一章指出女性往往因爲經濟關係，才委身下嫁，因此，婚姻生活對她們來說，不啻是一場惡夢。本章首節更把焦點落在性方面，探討女性如何在缺乏獨立經濟能力及毫無援手下，受到性的壓迫。

第二節則見女作家正在嘗試打破慣有成見，迫使我們正視女性潛藏的自然性需求。不過，應該保留的是，女作家也並非完全能突破傳統禁忌。一如男作家般，她們有時也會對女性的性需求加以揶揄。

在第三節中，女作家進一步讓女性反擊。女性的性需要在得到肯定之餘，更成爲反抗男性的武器。然而，嚴格來說，女性對男性的報復或反抗，有時反更表明女性傳統的狹隘觀念。她們是否眞正能與男性抗衡，實在值得懷疑！

最後一節是從性的積極意義看，指出性對女性也能起正面作用。這種“光明”面，是六位女作家小說中所罕見的，一貫的陰翳由此得到短暫的放明。

第五章　女性與外遇

　　只要一夫一妻制度存在，外遇似乎是很難完全避免的現象。詹姆斯・欣頓(James Hinton)、靄理士一直以來，有以下的看法：

> 表面上與名義上單婚制好像是防杜了不少的淫佚的行
> 爲，實際上所喚起的淫佚行爲比多婚制所能喚起的還
> 要多。【1】

這裏使用"外遇"而不用"淫佚"構詞，是因爲前者的詞義中立色彩較濃，不像後者，隱含著負面的道德批判。同樣道理，有時會捨棄"婚外情"這字眼，是因爲它似乎有把外遇提昇爲純粹愛情的美化傾向。

第一節　外遇與惡劣婚姻的因果關係

　　不少學者，如馬西亞・拉斯韋爾 (Marcia Lasswell)、魯道夫・德賴庫斯 (Rudolf Dreikurs)、菲利普・賴斯 (F. Philip Rice)及卡倫・霍尼等均認爲，婚姻本身早已存在著問題才會導致外遇。換句話說，外遇是夫妻交惡的果而非因，不過外遇的發生卻使原已不和諧的婚姻更趨惡化。【2】

　　蘇偉貞在〈兩世一生〉中，就借主角的遭遇，把外遇與夫妻交惡的因果關係清楚說明：

> 他(唐子民)討厭余正芳是因爲她那個人，不是因爲她
> 的化粧，但是余正芳總以爲他討厭她，是因爲他在外
> 面有了女人，而不是因爲他討厭她才在外面交女朋
> 友。【3】

蘇偉貞的另一篇小說〈紅顏已老〉的余書林，並不是因爲章惜，才令夫妻不和，而是"原來彼此的性向並不一樣"【4】，所以二人雖然還年輕，"過的夫妻生活卻是經歷歲月似的鬆弛"【5】。章惜的出現，只不過突顯了他們不投契的性情而已：

> 他(余書林)實在說不上守恬(余書林妻子)的個性和他的
> 個性有何相悖之處，是的，甚麼都是比較出來的，如
> 果不經過章惜那道關卡，他永遠不會知道還有其他典
> 型的女子存在著。【6】

廖輝英〈今夜微雨〉的程偉天與杜佳洛，結婚肇始，心智上已不配合。杜佳洛的能幹，不但不能幫助自己及丈夫建立起美滿的婚姻，反而對丈夫構成壓力，正如程偉天的申訴：

> 妳太能幹了，佳洛，我知道妳一直希望我好，可是我
> 沒辦法符合妳的要求，結果妳失望，而我也不快
> 樂。【7】

結果程偉天便努力尋求另一段讓他不感到壓力的婚外關係。他自己曾這樣辯白：

> 我跟她(朱小薇)在一起，沒有壓力。【8】

施叔青〈愫細怨〉的洪俊興，在與愫細調情之餘，也不忘向愫細述說對妻子的種種不滿。【9】蕭颯〈唯良的愛〉的偉業，雖然不能否定妻子的好處，但也指出她不了解他：

> 妳（唯良）……甚麼都好，理家、帶孩子……可是，
>
> 妳，不了解我……。【10】

從上述例子，可以發現對妻子的不滿似乎是男性尋求婚外男女關係的原因。但事實上，有些男性只是以此為藉口吧了。威廉·馬斯特斯（William H. Masters）等即曾指出，不少陷身外遇關係的人為了替自己開罪辯過，不惜誇大其詞地數落配偶。【11】李昂〈外遇連環套〉的易明勝便是一個例子。家裏放著兩個女人不算，易明勝仍然"理直氣壯"地以家庭不愉快為理由，誘騙少女林美紋：

> 車上易明勝總會輕描淡寫的談到一點他不快樂的家
>
> 庭。的確！易太太最近常和李玲冷戰，大兒子混了小
>
> 幫派，前幾天管區才來通知。但在易明勝口中，林美
>
> 紋聽來的只是這個忙碌於商場，得面對巨大壓力的男
>
> 人，為著某種原因……，和太太處不好，兒子亦難管
>
> 教。【12】

在這裏，婚姻的不愉快反而成為了男性博取女性同情、憐憫的手段。袁瓊瓊〈荼蘼花的下午〉的周景康，也用類似的技倆誘騙碧淑：

他在流淚，可是張開眼跟她笑：'我眞是福氣，十全
十美。十全十美……一點差錯都不能有，一有點事就
是，那傢伙靠他太太，我這十幾年全白拼……都是太
太的。看呀！那傢伙，都是靠太太的。'【13】

第二節　經濟、寂寞與外遇

　　六位女作家筆下的外遇型態，以丈夫在外有染爲主，第三
者則多爲單身女性。女作家往往從女性的立場出發，對第三者
與妻子的心態有較深入的描寫。以往，外遇給人的印象，總難
脫掉利與欲的關係。廖輝英〈旅人〉中尹文靜與曾大元的關
係，就是典型的例子。【14】此例在第四章中已有清楚交代，這
裏不再詳述。李昂〈外遇連環套〉的李玲，由"情"婦而姨太
太，所著意的，亦非没有金錢的成份：

　　名份地位李玲並不看重，有個男人，還不是甚麼控制
　　不住的男人，也有幾個錢！這就差不多了。【15】

不過，時移世易，六位女作家筆下，多的是名符其實的"情"
婦。她們並非圖謀金錢利益，李昂在《外遇》一書中曾這樣分
析：

　　現代的'外遇'、'婚外情'，由於女性的獨立，有
　　自主的經濟能力，男性可以無需付傳統'姨太太'的
　　生活費。【16】

就如蘇偉貞《紅顏已老》的章惜【17】、〈不老紅塵〉的曾宇【18】，廖輝英《不歸路》的李芸兒【19】、《盲點》的程子沉【20】、《窗口的女人》的朱庭月【21】，施叔青〈後街〉的朱勤【22】、〈愫細怨〉的愫細【23】，蕭颯〈唯良的愛〉的范安玲【24】、〈失節事件〉的廖叔容【25】及袁瓊瓊〈自己的天空〉的靜敏【26】等，都具有一定的經濟能力，起碼可以自給自足，有些甚至反過來在經濟上幫助男友。如朱庭月與何翰平的交際費，多由朱庭月支付。李芸兒甚至一直是生意失敗的方武男的經濟支援者。既然金錢不是主要的追逐目標，那麼，這些女性為甚麼又會陷入"不歸路"呢？在第三章中，曾指出年齡與寂寞是很多女性急於尋找結婚對象的原因。同樣地，年齡與寂寞亦是把女性趕入"不歸路"的主因。廖輝英《不歸路》的李芸兒二十四歲時，就以自己連戀愛也未談過而感到不是味兒！在那種"有個伴總是好的，至於甚麼伴就不要緊"【27】的心情下，她輕易地成了方武男的俘虜。而她一直不能擺脫這種關係，也是因為"那種關係，在寂寞生活裏，是雞肋，又類似麻醉品，丟不掉，又讓人在慣性中沉溺"【28】。黃晴即曾指出《不歸路》中寫得最好的是"寂寞"：

> 如果不是寂寞，我們實在無法了解為甚麼一個女人會甘心任人糟蹋身心至這等地步！……讀者清清楚楚看到他(方武男)的齷齪和可恥……為甚麼這麼清楚明白

> 的陷阱她會一頭栽下去呢？ ── 因為她實在寂
> 寞！【29】

《窗口的女人》的朱庭月雖然有"婚姻讓人疲倦"【30】之語，
但仍難掩她二十九歲時仍未有結婚對象的心焦：

> 二十九歲時，眼角笑時微微有兩條細紋。朱庭月對鏡
> 痴痴滑下兩聲嘆息，不知道要怨甚麼才好呢？【31】

從以下幾句，可知她確實對婚姻也存著希望：

> 尋常夫妻、尋常婚姻，是女人，就可以享受或擁有的
> 婚姻，為甚麼她不能擁有呢？【32】

袁瓊瓊〈荼蘼花的下午〉的碧淑，甘心做周景康的外遇，年紀
與寂寞，顯然是主要因素：

> 在碧淑這一面來說：只是已經習慣了身邊有個人的生
> 活，她懼怕起從前的日子了。自己一個人無聲無嗅的
> 活著，不關心人，人也不關心自己。她只是不能再回
> 到那種日子裏去。還能怎麼樣呢？三十歲的女人了。
> 他是她唯一的男人。她根本沒那份自信，認為自己還
> 能找得到別人。而且她又老得多了。【33】

施叔青〈愫細怨〉的愫細，比起李芸兒、碧淑等女性，是較有
獨立及自信能力的，似乎不會像她們那麼容易成為已婚男士的
囊中物。對洪俊興的"進攻"，她早就警戒在先，清楚言明：

> 我與你，很不一樣，洪先生，你今晚到這兒來，應該
> 也看出了。【34】

不過，作者卻特別安排一場暴風雨，迫使愫細"就範"：

> 在這天地變色的時候，旁邊這男人是她唯一的依靠，
> 他和她坐得這樣近。近在咫尺，她可以觸摸得到的，
> 愫細在茫茫天涯找到了知己。冰雹又一陣陣灑落下
> 來，⋯⋯愫細抱著頭，向旁邊的人撲倒過去，整個人
> 往下一溜，躲進洪俊興的臂腰裏，緊緊抱住他，和他
> 相依為命。【35】

所謂暴風雨，可說象徵外來的襲擊。在平常的日子裏，以愫細的能幹，自然可以應付自如，不會感到自己孤立無援或者寂寞。當外來襲擊來臨時，愫細的無助被彰顯了，迫使她尋求庇護，終於成了洪俊興的外遇。明月在評析這篇小說時，雖然沒有清楚闡明這場暴風雨的象徵意義，但也承認它有引導愫細投入洪俊興懷抱的作用。【36】〈後街〉的朱勤，擺脫不了與蕭的關係，作者也從年紀與寂寞的角度去解釋：

> 朱勤受不了一個人，如果她讓他走了，以後的日子，
> 她將寂寂寞寞地過。她已經過了三十歲，很快地，有
> 一天，她會像住在對面的那個上海老女人，下午去坐
> 在美容院打發時間，晚上不願意待在家裏，因為一個
> 人實在太冷清。【37】

第三節　　"情"婦的愛情

在上一節中曾指出，女性往往並非因爲金錢利益才成爲男性的外遇，六位女作家筆下多的是實至名歸的"情"婦。感情的高度投入是這些女性的普遍特色。正因爲感情專注，才令她們飽受精神上的煎熬。

蘇偉貞筆下的第三者，情操之高，往往令人不忍再加諸道德責難。〈紅顏已老〉的章惜，對余書林一往情深，不計回報：

> 不要求甚麼的認定他。【38】

余書林給她一條披肩，她就"緊緊把自己裹起來"【39】。象徵地說明了章惜甘心情願被情所困。余書林也明白章惜的情愛是：

> 太直線條、太細，沒有回來的路。【40】

兩人更可說是打破了一貫以肉欲爲基礎的婚外關係模式。把婚外男女關係提昇爲純粹的精神層次，是其他五位女作家作品中所罕見的。浜田正秀把愛分成精神愛與肉體愛兩種。肉體愛是衝動的、強烈的，但只能達到官能的部份滿足；精神愛雖看不見、摸不著，但持久、深厚，因此，通過禁欲，可以達到精神上的滿足與勝利。【41】章惜與余書林的精神戀，從某個程度來說，的確可以給他們滿足：

> 他們不需要實體的擁抱，握著，更有精神層次的交
> 流。【42】
>
> 余書林和她的關係屬於精神層次中最細緻的建
> 立，……他們固守在彼此心靈的天上，只要不計較，
> 甚麼都滿滿的。【43】

但換個角度來看，正因爲這是精神愛，章惜心靈所受的煎熬就
更大。"不計較，甚麼都滿滿的"，可是，計較呢？〈不老紅
塵〉的曾宇，也是令人不忍苛責的第三者。她"晶瑩剔
透"【44】，從不要求甚麼，講求"愛情品質"【45】。對有婦
之夫邢仲之愛，只爲她帶來了"老兵不死，只是慢慢凋
謝"【46】的人生體驗。〈光線〉的程瑜，也深深感受到"情"
婦內心的矛盾痛苦：

> 不是失戀，但是比失戀更痛，失戀是有辦法的結束一
> 切，現在是沒有辦法。【47】
>
> 女人呢？就非要打一手見光死的牌才算痛嗎？【48】

施叔青〈後街〉的朱勤，對有婦之夫的蕭愛得眞切：

> 她愛蕭，愛得那麼深，深到肉裏頭去，如果有人要把
> 他從她肉裏拔出來，那會很痛的。【49】

作者特別用以下的景色來襯托她的感情：

> 窗外，一大片黃昏的天，遠處屋角斜斜掛著落日，把
> 天空染紅了，呈現出一種犧牲的美。【50】

“黃昏”、“落日”喻示了這段感情前景會越來越黑暗、無望。“美”是美了，似乎夠浪漫的，但以“犧牲”來形容，是否暗示了這段感情注定虛擲？

　　廖輝英《不歸路》的李芸兒，對於方武男的感情，一直不能割捨。十年中，受盡身心折磨。題爲《不歸路》，暗喻了李芸兒萬劫不復，不能再走回頭路：

> 她第一次覺得，一條路走到這裏，再也回不了頭時，
> 是他帶她上賓館的那一天。【51】

雖然大方在〈漫漫長路〉一文中，曾如釋重負地以爲：

> 縱然作者一開頭就給了女主角李芸兒編派了一路錯到
> 底的不歸路，然則歷經十年的煎熬和處處落空的期盼
> 所引發的絕望後，終不免在全書戛然終止前，叫她回
> 了頭。【52】

但從故事那種開放式結局（open end）來看，作者並沒有清楚交代李芸兒以後的動向。【53】她是否眞的“回了頭”，實在値得懷疑？

　　袁瓊瓊在〈自己的天空〉中，雖然沒有渲染靜敏成了屈少節的外遇後，在感情上所受的苦，但對她用情之深，則不乏描寫：

> 她那時整個愛上他了，突然全無腦筋，甚麼也不考
> 慮，就光想見到他。她的把握全失去了。【54】

靜敏自己受不住了。她發現自己當真戀愛起來，反倒怕了，她擔不起這樣認真。她愛他愛到覺得自己全身洞明，在他面前，她靈敏得像含羞草，一點點動靜她都縮起來。【55】

正因為這些第三者用情彌深，才使一些男性有機可乘，佔盡便宜。第三者所受的傷害，亦因而更大了。《不歸路》的方武男不是看準李芸兒心軟，不會在十年內盡扮演欺侮者的角色。他翻起臉來，可以直把責任推得一乾二淨：

我要負甚麼責任？是我逼妳的，求妳的？妳別鬧笑話了，又不是未成年的人，要我負甚麼責任？妳如果覺得委屈，覺得不好，我們就別在一起。大家不是老早有了默契，好聚好散？沒有見過這樣不清楚的女人。【56】

李芸兒也不是不知道方武男的自私：

這個男人，處處自衛得那麼好。【57】

只是不能自拔，無可奈何而已。【58】因此，廖輝英借了另一個角色洪妙玉之口，對李芸兒的行為毫不留情作出鞭韃：

妳(李芸兒)就是這樣，只用感情，不用頭腦。這事拖這麼久，又搞成今天這副德行，老實說，妳‘居功甚偉’，根本就是妳自己容許方武男這樣欺負人的，換了別人，看他敢不敢？【59】

〈後街〉的朱勤也是因為愛得真切，才會讓蕭佔盡便宜：

> 朱勤碰到了一個絕對自私的男人，爲了鞏固他的職
> 位，蕭可以毫無考慮的犧牲朱勤，把她困在後街，一
> 輩子不帶她出來，他是吃定了朱勤，只因爲他知道她
> 愛他。【60】

〈茶蘼花的下午〉的周景康，可以對碧淑任意挑剔，無非因爲
碧淑愛他，容忍他：

> 逐漸認識了他是自私，任性，幾乎寡清的人。可是碧
> 淑愛他，容忍了他這些缺點，後來是比較難以容忍
> 了，也還是容忍著，她不能不愛他，只有愛才能留住
> 他。【61】

李芸兒、朱勤、碧淑，都能看清楚對方的自私，她們的痛苦，
也就在於明知陷溺卻不能自拔。在一個"情"字之下，她們注
定任由宰割！

第四節　妻子對丈夫有外遇的反應態度

　　菲利‧賴斯曾指出外遇發生以後，可能會令配偶永遠如芒
刺在背，不肯再相信對方，夫妻間因而形成永久裂痕。【62】

　　蕭颯〈唯良的愛〉的唯良，在發現丈夫有了外遇後，曾一
度要求離婚，並且離家出走，但卻發現自己毫無謀生獨立能
力，只有"帶著好深的悲哀，回到丈夫身邊，雖然丈夫曾經不

忠"【63】。但她對丈夫卻再不信任，心底永遠背負著丈夫不忠
的陰影：

> 我(唯良)，好想，甚麼都像從前一樣，相信你 (唯良丈
> 夫) 說的每一句話，可是，我現在……我不知道該不
> 該再相信你……我只要閉上眼睛……就想到你欺騙
> 我。【64】

結果，在不能離開丈夫自立，卻又不能原諒不忠丈夫的矛盾心
態下，唯良訴諸毀滅全家的強烈方式。

　　廖輝英《窗口的女人》的葉芳容在發現丈夫何翰平與朱庭
月的關係後，經常變得歇斯底里，一再努力，仍然無法攪好兩
人的關係：

> 夫妻兩個，陰陰惻惻互相維持在安全距離之外彼此窺
> 伺。【65】

最後，爲教丈夫内疚一輩子，葉芳容懷著滿腔恨怨赴死。她終
於"如願以償"，在她自殺身亡後，作者安排了好幾頁篇幅讓
何翰平思過懺悔。而她死前對朱庭月腹中孩子的詛咒，也結果
應驗了。

　　蕭颯《小鎮醫生的愛情》的月琴，在發現丈夫利一與光美
的關係後，離家出走，最後中風死了，在這個故事中，妻子的
死與丈夫外遇的關係，雖然不若上述故事來得直接，但利一實
在仍難辭其咎，作者即安排了從利一的眼中揭示月琴的痛苦：

利一再次正視著妻子，月琴微張著嘴，竟然眼睛也像
是微微張著不曾闔攏。利一由那眼中，彷彿窺伺了她
的心底深處。月琴是痛苦的哪！在她發病的前一刻，
她受著甚麼樣的煎熬？使她再也支持不了肉體的負荷
吧？【66】

所以，利一自責地反問：

又有甚麼比他親手扼殺了伴隨他三十多年的妻子更爲
殘酷的事呢？【67】

他“永遠無法原諒自己”【68】。

蕭颯〈明天，又是個星期天〉的淑清在知道丈夫有了外遇
後，情緒激動，不肯寬恕丈夫：

康更是不可原諒的，他比誰都了解自己的責任和情
感，卻抗拒不了自己的優越感，和外來的誘惑。【69】

她要求離婚，終能如願。淑清不像唯良、月琴，她經濟可以獨
立，因此，沒有把自己迫進死路。但與丈夫離異後，寂寞難
耐，對丈夫仍不禁心存企盼、幻想：

好漂亮的一束花，康喜歡嗎？她喜歡任何美的東西。
花會是康送來的嗎？當然不是的，是班上孩子在小山
坡上摘的，年年都有。康，康今晚會來嗎？就算是來
辦離婚也好，來個人總是好的。【70】

施叔青〈愫細怨〉的愫細，在得悉丈夫狄克有外遇後，表
現冷靜異常，絕不如月琴、唯良、淑清的激動：

　　她在狄克面前，緊抿著嘴唇，很是堅強。【71】

後來雖然曾痛哭一場，但淚水反而起了"滌淨"的作用。哭過
後她就立即重新收拾自己的情緒：

　　哭過之後的心情稍許覺得輕鬆，慄細覺得應該振作起

　　來了，她站起身，面對著鏡子，裏面反映出一張淚眼

　　模糊的臉，她從皮包掏出隨身攜帶的口紅，重新化

　　粧，劃眼線時，她的手居然一點也不抖，慄細對自己

　　驚異的同時，也發現一個人還可以活下去。【72】

以後更把精神集中在工作方面。不過，漫漫長夜，工作的成就
始終不能完全填補她心靈的寂寞。最後她反過來，成為介入別
人家庭的第三者。

　　在〈給前夫的一封信〉中，蕭颯則好像一掃陰翳，為"棄
婦"提供了少見的光明大道。雖然這位因丈夫外遇而離婚的婦
人初時的憤怒及沮喪不下於唯良、月琴、淑清等，但最後終於
擺脫了被棄的陰影，重新振作。通過書簡的形式，作者更讓婦
人直接向前夫表明自己的新生：

　　自己卻是已經習慣這樣的心靈再次獲得自由的生活。

　　眼前一對一對夫妻，當然也有恩愛幸福的，但是小情

　　小愛對我已經不再那麼重要，反而極不願再次被其馴

　　服。我勉勵自己，希望從此再有更好的視野，有更好

　　的心胸！【73】

難怪吳達芸對此篇作品的積極意義甚是肯定：

經由這篇作品，蕭颯對只能在陰暗角隅自悲自憐的傳統棄婦角色，提出了一個扭轉悲運的現代模式。這種具有滌淨幽晦、提昇人生境界的作品，對於婚變受害者的拯救力量顯然是具體而深遠的。【74】

不過，值得玩味的是，雖然蕭颯處處要表現故事中的"我"那種不再計較的醒悟態度，【75】但字裏行間，有時仍難掩"我"對丈夫的恨意。對於第三者，更是絕不原宥。指摘之言，滿紙皆是，有時更指桑罵槐：

有些人是為了自己的私欲和寂寞，心中不存一點道德的……她只要她想要的一切。【76】

明明知道對方顧念家庭，一直無意離異，卻仍然不擇手段，硬要切入，就到底可恥了。【77】

好在現在我比從前更瞭解她過去的種種，也知道她是個怎樣的女人後，也就不會再氣忿不平，反而可以更清楚的知道自己是清明潔淨的。【78】

我跟介入我們之間的那名女子最大的不同，是她經歷過無數男人；而我卻只有你。【79】

可見，"我"在心底仍是恨意難消，所謂把"小愛"提昇為"大愛"，【80】實在令人懷疑。較為肯定的反而是，"我"只是在一直壓抑自己的憤怨不滿，而盡量表現出自己的徹悟氣度。如在數落第三者時，"我"剛適可而止地說過"對於那名女子，我言僅到此"【81】，跟著卻仍絮絮不休繼續指斥，在在顯示了"我"其實未能消除內心怨恨，因而情緒失控！

不過，在六位女作家的小說中，並不是所有妻子發現丈夫有外遇後都悲痛欲絕，或者精神上大受打擊。一些感情早已有問題的夫婦根本就不介懷對方有外遇。【82】蕭颯〈死了一個國中女生之後〉的藍太太，便為丈夫有外遇而高興，她的邏輯是"她有別的女人，可以不用煩她"【83】。藍先生與藍太太的婚姻生活本來就不和諧，連他們剛進初中的女兒也看得出母親有藝術修養，嫌棄只會做生意的父親。第三者於是成了不想履行妻子責任的藍太太的替代品。

施叔青〈"完美"的丈夫〉的李愫，獲悉丈夫有外遇時，更表現得異常雀躍：

> 李愫到吧臺要了一杯酒，覺得應該慶祝一下。她像是
> 被悶在暗無天日的布袋裏，憋得快透不過氣了，突
> 然，有人把袋子口打開，李愫的頭一下探出來，重又
> 呼吸到空氣了。她有著跳躍的欲望，為自己的新生而
> 跳躍。【84】

李愫本來就對婚姻生活厭惡，只差沒有離婚而已，執著丈夫外遇的把柄，她就可堂而皇之下堂求去：

> 我們每個人可以得到自己所要的。我有我的自由——
> 蕭，你再也沒有理由留住我了吧？【85】

袁瓊瓊〈又涼又暖的季節〉的林庸母親，對於丈夫有外遇，則幾近是默許的：

> 他(林庸父親)其實不在乎楊方伶的事被妻子發現，在他們夫妻間，這件事是近乎被默許的。她一向知道他外頭有人。【86】

廖輝英在〈昔人舊事〉中，卻說明了有些女性所以容忍丈夫有外遇，只是不得已的求存辦法。沙太太對於沙立人接連不斷的尋覓"情人"，並非沒有意見，只是"不容忍只有失去"【87】，唯有"像個慈母般縱著頑童樣的沙立人"【88】，強忍下去。所以她的面容在呈現"平和"、"包容"外，還有的是"哀傷"。【89】

蘇偉貞《陌路》的殷子平與黎之白，夫妻各有各攪男女關係，互不干涉，似乎亦相安無事。夫妻間這種表面上的"容忍"，其實未嘗不是他們婚姻關係不協調的權宜之計。作者曾通過以下的對話說明兩人之間的婚姻障礙：

> 她曾經以討論問題方式與殷子平談過：'你和別的女人可以在一起，為甚麼和我不能？''之白，妳太冷了，教人害怕。'殷子平掩面沈重。【90】

問題的癥結沒有除掉，只有各自"外遇"去了，成了賴德勒所說的"身心症逃兵"。【91】所以，正確來說，兩人並非不在意對方有外遇，只是無可奈何、權宜一下。

　　袁瓊瓊〈自己的天空〉的良三有了外遇，且外遇有了孩
子，良三決定把妻子靜敏搬走，安置外遇到家裏來住。故事就
在良三兄弟與靜敏的談判中展開。作者刻意地描寫靜敏在談判
過程中的出奇平靜及不在乎，以嘲弄男性的自以爲是：

> 她應當有點合適的想法才對，比如指斥一下良三的忘
> 恩負義，‘我做錯了甚麼，你要對我這樣。’電視上
> 演過很多。至少也該一下子暈死過去。可是她光是健
> 康的不痛不癢的坐著。【92】

> 她注意鏡子裏的自己，覺得過於精神了，不像是剛受
> 到打擊的女人。可是爲甚麼要把這件事當做是打擊
> 呢？她覺得自己並沒那麼愛良三。【93】

> 可是他剛才哭那麼多，良三恐怕要以爲她崩潰了。他
> 全部的心思只想到要震懾她安撫她，不願她糾纏不放
> 以致失態。他可不知道她根本不在乎。【94】

靜敏一直在冷靜地觀察一切，她並沒有預期的激動。那本來最
足以表現傷心的淚在此也不能盡發揮它的作用，反而幫助了說
明靜敏的冷靜。如下面幾句：

> 她分明的見著了眼淚落在裙子上，眼淚聲音好像很
> 大，眞是啪答啪答落雨一般。【95】

只讓人覺得靜敏並不是眞的在傷心落淚，她只是不痛不癢地在
“看”及“聽”自己落淚。正因不在意，她才能這樣細緻地形

容一切。靜敏實在為躲在暗角嘴嚼痛苦的棄婦大大地吐氣揚眉
一番。最後一仗，更贏得漂亮：

> 她忽然有種鬆懈的感覺：'我不想分居'。良三頭一
> 下抬正了起來，彷彿有點變了臉：'剛才不是說好了
> 嗎？''我們離婚吧！'靜敏也覺著了一點得意，那
> 是那三個人一下全抬了臉，都看著她的時候。【96】

不是怨恨，不是無奈，只是毫不介懷地要求離婚。故事作結時
的交代：

> 她現在不同了，她現在是個自主、有把握的女
> 人。【97】

更加突顯了靜敏離開良三確是明智的選擇。

　　不過，丈夫外遇有時卻會令妻子更加意識到丈夫的優點，
從而更加珍惜婚姻。不少批評家已指出過外遇有時會有強化或
改善婚姻關係的作用。【98】李昂在《外遇》一書中，亦沒有忽
視這種正面意義：

> 好的外遇可能像潤滑劑，使得已疲倦、厭煩、公式化的婚
> 姻生活，因第三者的介入和外在的刺激，重新又回復生
> 氣。【99】

　　蘇偉貞〈紅顏已老〉的守恬，便是在發現丈夫余書林與章
惜的戀情後，才體認到自己的自私和丈夫情操的可貴：

> 余書林不是個唯利是圖的人，正因如此他即使有了外
> 遇也不會輕言離婚，她以前跟他吵，現在想起來卻只

是愚昧、幼稚，不是嗎？她遇上唐明便想到自己的快
樂很重要，余書林跟她生活在一起，雖然沒有說不快
樂，卻從來不提，他好像是太傻，太不會算，甚麼也
不懂得要，她卻是太自私、太精明，甚麼都不付
出。【100】

故事雖然沒有再清楚交代守恬與余書林以後的婚姻生活，但從
作者所打的兩線比喻，相濡以沫，應該是可以預期的：

他們是兩條平行的線，守恬決定跟他去交叉，把自己
長出來的線給他，即使全部給他，只要他能達到快樂
的目的。【101】

蕭颯〈幼儀姑姑〉中的何幼儀，最初常抱怨丈夫是個書呆
子，缺乏生活情趣，婚姻關係因此並不協調。但當發現丈夫有
了外遇後，一反過往的不滿態度，對丈夫視若珍寶，緊緊監
視，前後判若兩人：

只見幼儀姑姑是瘦多了，臉上皺紋也加深了，……也
聽不見她說甚麼愛啦！美啦！自由啦！倒是姑丈面色
紅潤，不留神的時候，會說些甚麼，愛是人生的真諦
啦！美和自由是人類一向追求的精神目標啦！【102】

角色性格的互換，戲劇化地迫使何幼儀重新體認丈夫的重要
性，走出自以為是的幻想世界。

第五節　小結

外遇是當今臺灣小說的常見題材，女作家亦不能免俗地寫起外遇的故事。本章首先剖視的是，惡劣的婚姻關係如何導致外遇的產生。男性又如何以婚姻的不和諧為藉口，攪出一段一段的三角關係。

接著指出，現代女性往往並非由於金錢關係才委身為第三者。單單經濟的獨立並不能就使她們脫離男性，當正常的婚姻關係無望而內心的寂寞又難以排遣時，"情"婦便成為可能的出路。

順理成章地，第三節則集中討論這些"情"婦的愛情。顧名思義，"情"婦的最大特色，是感情的高度投入。女作家在這方面的發揮盡致，大大彌補了"情"婦在道德上所犯的錯誤，加上描寫男性自私之不遺餘力，自然容易取得讀者對"情"婦的偏向及同情。

最後一節分析了妻子對丈夫有外遇的不同反應，介意也好，不介意也好，在在反映了潛藏於夫妻間的問題。對於男性，女作家實在沒有輕輕放過。除了會以女性的不在意來抗衡男性的自以為是外，有時更以悔過、毀滅來懲罰他們。然而，還應指出的是，女作家並沒有完全偏袒女性，從本節最後所舉的兩個例子，即可發現女作家也會讓女性重新認識到自己對丈夫的忽視。

第六章　女性與自我

　　"自我"這個概念早已引起不少專家學者的興趣，並作出種種詮釋。這裏因目的不在於辨清或者定義"自我"這個概念，所以不對專家學者的不同意見作出闡釋批評，而只取瑪麗拉曼納及埃里克·埃里克森（Erik H.Erikson）等人的意見作一簡單交代。在《婚姻與家庭》一書中，瑪麗拉曼納及艾格尼雷德門認為：

　　自我觀是指人們對自己本身及其特長、能力、價值最

　　基本的感覺，有正面、積極自我概念的人能享受一種

　　內在的價值感（inner sense of worth）。【1】

根據埃里克·埃里克森的說法，人的自我價值感是在成熟過程中逐漸發展形成，並非與生俱來。【2】本來，發展"自我"應該是人類的普遍欲望，但在傳統教育下，女性似乎較男性更難發展自我。【3】

　　李昂〈花季〉的女主角，有這樣的想像：

　　這時候總該會有一雙美麗的黑眼睛在樹叢中或花堆裏

　　細細的打量著我。【4】

　　總該有一雙美麗的黑眼睛在遠處深深的凝望著我的，

　　我墜入我為自己編的黑眼睛的故事裏。【5】

袁瓊瓊的〈幻想〉，也有類似的情節，一個家庭主婦，經常獨守家中，產生被人窺伺的幻覺。【6】羅納德·萊恩曾指出過，

人有時會藉著其他人對自己的注視來肯定自己。【7】而薩特
（ Jean-Paul Sartre ）亦有 " 觀看 " 、 " 他者 " 的觀念。他認為
被 " 他者 " " 觀看 " ，可以說是被束縛、不能自由。【8】綜合
兩種說法來看，是否可以這樣說，以上兩個故事的女主角，可
能都對自我的存在缺乏信心，必須藉著其他人來肯定自己，因
此無可避免受到別人的束縛。以下希望透過愛情、婚姻兩個層
面，探討一下男性勢力對女性的自我的影響。

第一節　愛情與自我

　　貝蒂・弗里丹在《女性的奧秘》中曾指出過，愛情對女性
來說，往往代表一種自我的喪失。【9】在第二章中，亦曾引過
西蒙・特・波娃以下的話：

> 對女人而言，……去愛一個人就是完全拋棄其他一切
> 只為她愛人的利益存在。【10】

並由此出發，說明女性在愛情中，往往是不計犧牲的付出者。
〈陪他一段〉中，費敏 " 陪他一段 " 的結果是使自己的自我一
步步受到對方蠶食：

> 跟他在一起，家裏的事不提，自己的工作不提，自己
> 的朋友不提，他們之間的濃厚是建立在費敏的單薄
> 上，費敏的天地既只有他，所以他的天地愈擴大，她
> 便愈單薄，完全不成比例。【11】

難怪故事的敘述者有以下的體會：

> 有人説過──愛情使一個人失去獨立。她開始替他操
> 心。【12】

> 戀愛真使一個人失去了自己嗎？【13】

〈今夜微雨〉的杜佳洛與羅長安的一段關係，也只教她逐漸失
去自我：

> 那三年，她的生活，完全只是如何去投合大羅罷了，
> 除去這些，簡直可以説是一片空白。【14】

> 三年來，她完全沒有機會可以和人結交。三年過去，
> 她才突然發覺要接續起整整三年的空白，實在是幾近
> 不可能的事。她以爲可以倚賴的愛情，將她密密封死
> 了。她連怎樣過日子，都要從頭學起。【15】

　　在〈最好她是尊觀音〉中，施叔青更清楚地表示了在戀愛
中，男性如何企圖全面控制女性。小說的題目本身就影射、諷
刺了男性這方面的野心，“觀音”究竟有甚麼特色？作者借角
色之口，道出玄機：

> 如果她像一尊觀音，供在案頭，永遠跑不了。【16】

男主角俞岩對女主角潔西的一舉一動，都要監視、操縱：

> 潔西的一舉一動，盡在俞岩掌握中。【17】

因此，她成了“愛的囚犯而寸步難移”【18】。雖然潔西也感到
缺乏愛情“滋潤”會令自己“枯萎”、“荒蕪”，但她終於成
功地擺脫了俞岩，作者這樣形容俞岩的失敗：

> 有人第二天見到他，形容他精神渙散，兩眼焦點無法
>
> 集中。【19】

持女性主義態度的批評者，對於女作家這樣的安排，大概要好好地舒一口氣了！

第二節　婚姻與自我

在愛情中，女性的自我固然受到威脅，但在婚姻中，女性的自我則受到更大的考驗。在《陌路》中，蘇偉貞有以下的形象化描繪：

> ‘太太’？好像不是個完整的人，是件附屬品。所以
>
> 沒有完整的形象。【20】

早自聖經，就以神諭爲名，把女性必須視丈夫爲主人，處處服從、尊敬的觀念灌輸給女性。【21】難怪叔本華會有以下把後天作先天的看法：

> 女人具有服從的天性，在這裏我可再提出另一個佐
>
> 證：年輕的女性本是消遙自在、獨立不羈的（這是
>
> 背反女人的自然地位）。但沒多久，就要找個指揮統
>
> 御自己的男士結合，這就是女人的要求支配者。【22】

其實，與其說是天性使然，不如說，在傳統的習慣下，女性往往壓抑、調整自己的個性，以符合丈夫的期望。【23】赫伯・高

博格（Herb Goldberg）在《兩性關係的新觀念》（*The New Male-Female Relationship*）中便清楚指出：

> 在婚姻廝守的結果之下，婦女的自我辨識整個受到摧
> 毀。與其挺身而出並維護自己個人的身份，大多數女
> 人只感覺自己是丈夫的影子。【24】

赫伯・高博格並沒有危言聳聽，至少對六位女作家筆下不少的女性來說，婚姻的確蠶食了她們的自我意識。她們與男性的結合，就像安妮斯・普拉特（Annis Pratt）所說，並非基於平等原則。她們必須屈從於後者的利益（interests）及欲求（desires）。【25】

在外遇一章中，曾分析過廖輝英〈昔人舊事〉的沙太太因為不想失去丈夫，只有容忍丈夫不能自禁的所謂戀愛"本能"。其實與其稱為本能，不如說是"欲求"更為貼切。沙太太就是為了滿足丈夫這樣的欲求而委屈著自己。她那平和、包容的臉上仍然呈現的"哀傷"神色，正好說明她受到的傷害。廖輝英在一篇散文中便曾替女性抱起不平來：

> 維持愛情或婚姻也是雙方必須共同付出的努力，為甚
> 麼女人必須抹殺自己的本性，一味去討好男人？【26】

李昂《暗夜》中，黃承德為了討好生意伙伴葉原，"委屈"自己的太太也在所不計：

> 葉原用雙手舉起啤酒……看著坐身旁的陳天瑞，將酒
> 杯推到他面前。'道德家，這次你喝。'一隻肥厚的

> 手又將啤酒杯推向葉原，是黃承德。'辦事旅館錢都
> 要自己付，你喝酒喝這種方法，眞是愛説笑。'葉原
> 眼睛一轉，幾分孩子式賭氣的説：'這倒可以。'黃
> 承德欣然點頭。'太太，小老弟叫陣，妳就委屈一
> 下。'……'阿琳，妳還是喝吧！'黃承德拿起李琳
> 的小杯啤酒，語氣中有習慣性的命令。【27】

陳天瑞不可以陪酒，李琳卻可以，開口説委屈了她，卻仍然命
令照下，充份反映出女性不由自主，處處爲男性利用、支配。
因此，李琳可說成了黃承德的生存工具。奚密便有這樣的結
論：

> 自始至終，她（李琳）一直扮演著被動的受害者，沒
> 有自我行使意志與自尊。她先接受傳統劃限的女性角
> 色，做個沒有自我的妻子……。【28】

施叔青〈牛鈴聲響〉的劉安安的命運，也跟李琳相同，她同樣
是丈夫的生存工具。她身不由己地成爲丈夫研究下的犧牲品。
以下的戲謔，清楚地暗示了這段婚姻的建基點：

> '當然。安安，不只是我（劉安安丈夫）的好太太而
> 已，'半玩笑、半認眞的口吻：'還是我研究上的好
> 幫手呢！這就是爲甚麼我把她從臺灣帶來。'【29】

她經常被丈夫帶進課堂現身說法，讓那些學生"好像是在看動
物園的猴子一樣"【30】地看她，她不能自主地被"非人化"

了，命運恰如"那個被人種學家從中東帶回來做研究的小矮女人"【31】。以下一句：

> '東亞學術會議'的日子到了，劉安安還是無可避免
> 的被帶進會議室了。【32】

其中"無可避免"、"被帶進"等字眼，也一再表明了她的身不由己。

　　西蒙・特・波娃在《第二性》中曾以例子說明，婦女經常會依照丈夫的趣味安排生活，有時甚至假裝和丈夫的趣味一樣。【33】這種抹殺自己個性的行為，充份反映出女性對自我的缺乏信心。李昂〈昨夜〉裏的杜決明太太就是因為怕丈夫笑她趣味低，每次和丈夫上街買東西，從不表示意見。然而，這樣的低姿態並未能為她保著婚姻。【34】女作家是否想藉此暗示，女性一味抹殺自我、討好丈夫只會帶來適得其反的後果？

　　袁瓊瓊〈異事〉的周太太，更是一個典型的傳統婦女，她的"謙卑"、"沒有意見"，充份反映了丈夫與她的主從關係。【35】在開家庭會議時，周太太固然是理所當然地被拒門外，因為她"反正參不參與，總是沒有意見的"【36】。萬不得已，要發表一點意見，也只能以極度謙卑的態度來減輕自己"越軌"的放肆：

> 周太太幾十年的三從四德、說當說的話也是抱歉得不
> 得了的神氣，像在悔罪……她低微的，怨艾的……。
> 【37】

> 她用謙卑的，絕對不想打擾了周先生的口氣說：'我
>
> 嚇得呀！'平穩的、小心的⋯⋯。【38】

周先生明知太太所說事態嚴重，但在言語上總要打擊、否定她
的意見。周太太對於丈夫的無理取鬧，反應就是立即噤口：

> 周太太不做聲。【39】

> 周太太還是不做聲。【40】

廖輝英《絕唱》的林玉照，在丈夫周亦農"驕形於色的下
馬威"【41】後，反應也只是"默默不語，很馴順的自然去料理
家事"【42】。難怪，瑪麗‧沃斯通克拉夫特（Mary
Wollstonecraft）早就大聲疾呼，教女性必須人格獨立，事事訴
諸理性，切不可隨便盲從別人的意見。【43】

受過大學教育的李愫，一樣擺脫不了俯仰由人的婚姻生
活。在"太太娶來就是要幫助丈夫的事業"【44】的傳統觀念
下，她只有唯唯諾諾地與丈夫蕭出席自己不喜歡的宴會：

> 李愫別無選擇地扮演著丈夫指派的角色，蕭說是甚
>
> 麼，她就是甚麼。每一次的宴會，在李愫來說，就是
>
> 一次不眞實的化裝舞會。【45】

甚至她如何裝扮自己，也得聽命丈夫：

> 蕭只好把她帶到衣櫥前，爲她挑選適合晚上場合的服
>
> 飾，連皮包、手飾都幫她挑好。【46】

蘇偉貞〈高處〉的端雲，並非不能幹，但婚後，她的能幹
卻只用在輔助丈夫的事業上。丈夫對她能力的恭維，也僅止於

"眞覺得該升個參謀總長、部長甚麼的，好讓她更能發揮"
【47】。

第三節　覺醒

從上一節所列的例子，可以發現女性的自我是如何受到男
性的控制。這裏進一步要探討的是，究竟女性是否意識到自我
權利被剝奪了？她們又有否作出任何抗爭？

瑪麗‧弗格森（Mary A. Ferguson）曾指出，順從型的妻
子，往往是自願放棄自我的。【48】表面上，蘇偉貞〈高處〉的
端雲，也是一個事事以丈夫爲重的典型傳統女性，但從以下一
段：

> 發現她的遺物裏有雙舞鞋，兒子說：‘媽很懷念以前
> 跳舞的日子。’端雲以前參加的豪華舞會不知道有多
> 少，嫁給他後便一次結束。【49】

卻可發現她其實並沒有忘懷以前可以順著自己興趣過日子的生
活。雖然沒有再跳舞，但"舞鞋"仍然一直保存著，多少反映
她內心深處並非沒有自我的欲求，只是一直壓抑著而已。【50】
蘇偉貞〈懷謹一日〉的懷謹，雖然亦沒有明顯的抗爭行動，但
心底其實藏著不滿：

> 全家三口的時間和心情，只有她一個人的被侵略。
> 【51】

　　她這輩子最親密的兩個人，活活把她套牢。【52】

施叔青〈牛鈴聲響〉的劉安安，也清楚地意識到自己被"物"化，尊嚴受到迫害。從她向丈夫表示不願再被帶到課堂現身說法一點，即可證明。【53】蕭颯〈給前夫的一封信〉中，女主角在離婚後，通過信簡的形式，直接向前夫表達了以下的自省：

> 從前的我，一心一意只想做個賢慧的妻子，甘願過沒
> 有自己的日子，成天只以你的喜怒哀樂爲情緒，絕不
> 做你不高興的事，絕不跟你不喜歡的人交往，絕不穿
> 你不愛的衣服……十幾年來，我甚至沒有甚麼朋友，
> 加上我跟養育的娘家關係一直不親，生活裏，除了
> 你，就眞的再沒有其他的‘人’了。【54】

> 向來你說甚麼，我答應甚麼，甚至在收入並不比你差
> 的情況之下，我也始終對你順從、容忍。【55】

不過，女主角這種內省能力卻並非自發的，而是由外在環境變化所促成。換句話說，就是當放棄自我仍然不能保持婚姻時，才迫使她回過頭來審視自己過往受到的不公平待遇。蕭颯另一篇小說《返鄉箚記》的阿遼，也是因爲丈夫移情別戀，才使她"痛下決心，擺脫掉做傳統女人的包袱"【56】，不再過著只是"爲了家，爲了丈夫、孩子"【57】而沒有自己的生活。袁瓊瓊〈自己的天空〉的靜敏，以前一直依靠丈夫，事事不能作主，也是由於丈夫有了別的女人，才迫使她可以找回"自己的天空"。【58】

　　此外，一些女性在長期過著俯仰由人的生活後，也逐漸能自發地認識到自己受到的剝削。施叔青〈"完美"的丈夫〉的李愫，便是很好的例子，以下一段，簡直是女權主義宣言的上好翻版：

> '只是，我白天當你（李愫丈夫）的老媽子，晚上讓
> 你帶出去展覽，像隻色彩鮮艷的鸚鵡，只差不會説人
> 話，在床上，我又是你不花錢的娼妓，'李愫抓起一
> 隻盤子，使盡全力，朝下一摔。'你當不當我也是個
> 人？'【59】

蕭颯《愛情的季節》中的方芸，也對自我有一定的認知：

> 她知道自己生來絕不是爲了生養孩子，或是單純做人
> 妻子的。她有理想，有個人憧憬。【60】

蘇偉貞《有緣千里》的蒙期采，爲了追求唱歌的理想，甚至可以置丈夫和兒子於不顧，我行我素：

> 我還有自己哪，他們快樂自己的。【61】

一反女性純爲"附屬品"的姿態。她的丈夫便曾對她作出這樣的指斥：

> 妳到底把我們看成了甚麼？妳的附屬品，孩子們就是
> 附屬產品。【62】

可說讓女性吐氣揚眉一番。一般來說，只有女性才會覺得自己從屬於男性，現在我們的女主角，竟讓男性產生附屬的感覺，其"反姿態"實在不容忽視！

　　蕭颯《如夢令》的于珍，雖然唱歌的目的在本質上與蒙期
采有很大分別，但她也是因為要唱歌而跟丈夫發生衝突：

> ‘唱甚麼歌？好好家庭主婦，到外頭拋頭露面，像甚
> 麼話？……’‘放你媽的屁，我要你管？’于珍是惡
> 從心起：‘我是嫁給你，不是賣給你，用不著你像奴
> 才一樣管教我！唱不唱是我的事，你沒有權利干
> 涉。’‘我是你丈夫，就有權利管！’【63】

蒙期采的追求是否成功，作者沒有交代，但她的確是為了理想
而離開家庭。于珍則歌唱比賽失敗，為了那小小的零用錢，把
日子賣給永遠作不完的家事，通過幻想來滿足自己。不錯，于
珍最後是離開了丈夫，而經過幾個男人後，她似乎也學會獨立
自主。呂昱便這樣分析：

> 作者試圖以女性獨立的認知與感受，透過真實社會與
> 經濟結構的轉換，在時空不停的變幻中，探討女性自
> 身的本質和生存的意義，進而喚起女性自我的尊嚴與
> 意識，徹底擺脫做為男人附庸與侍婢的制限，不再聽
> 憑使喚，不再仰承鼻息，而學習著依靠己力積極自主
> 地和命運周旋奮鬥。【64】

不過，要注意的是，于珍當初離開丈夫，並非抱著甚麼獨立自
主的企圖，而只是因抵受不了貧困的生活。後來她跟了幾個男
人，也往往離不開經濟關係。所以，她的自我意識，其實並不
明顯。蒙期采與于珍，一個為了理想，一個為了更好的物質生

活，都曾離家出走。這裏希望再進一步探討"離家出走"與女性尋找自我的關係。

　　華盛頓・歐文（Washington Irving）的《呂柏大夢》（*Rip Van Winkle*）中，男主角呂柏家有悍妻，一日潛入深山，一覺醒來，幾十年竟然已過，回到村中，物是人非，悍妻自然不復再見。【65】蘇偉貞〈大夢〉的江父，也因為受到妻子"性格迫害"才會離家出走，他不能如呂柏般可以藉著時間逃避，便只有永久失踪了。【66】羅納德・萊恩曾指出，隱形即不被看見是逃避危險的一種方法。【67】呂柏與江父，可說都是藉著失踪來躲避危險，兩個故事的其他共同處是：失踪者都是男性，逃避的對象是他們的妻子。他們的失踪可說頗為徹底——呂柏回到家中時，妻子已去世; 江父則直至妻子死亡，仍未再出現。

　　文學作品中，類似的題材並非罕見。但以女性為失踪主角，而她們的失踪又深具意義的，卻極為少見。幸好，我們的女作家並沒有忽視這點。在寫了〈大夢〉之餘，蘇偉貞亦留下了一個旗鼓相當的短篇小說：〈離家出走〉。

　　這篇小說的女主角仲雙文突然失踪了。仲雙文研究院畢業後，嫁了給儲永健，身兼家庭主婦與職業小主管的雙重身份。表面上，她似乎"認定做人就應當善演各類身份"【68】，因此，每逢假日，都親自料理家事，但是儲永健卻有這樣的觀察：

> 雙文一身粗布家常服從清洗到買菜及至操作完畢，她
> 坐在桌前雙手撫面，背影望去，彷若一尊凝固於家事
> 的女像。【69】

"一尊凝固於家事的女像"一句，正好象徵地說明了家事操作是一件沒有生氣，能把人非人化的工作。從她疲累後所聽的音樂中，儲永健亦有以下的感覺：

> 莫扎特的音樂在那樣不流暢的空間四處奔竄，是影片
> 中苦悶現代婦女鏡頭。雙文一貫在累極後傾聽品味精
> 緻的音樂，他彷彿聽到她的心聲——這樣不用大腦做
> 事，於人生有甚麼意義？【70】

而從雙文嘲笑同事張小姐每天按時上下班所作的譬喻：

> 像咕咕鐘報時。……她身體裏有個家的發條。【71】

也可發現雙文對刻板的家居生活，並非心存敬意。她婚後堅持不要小孩，亦多少反映了她對婚姻生活的抗拒。再從以下一句：

> 我知道，反正活著的也有些像死了。【72】

也可知道她對生活的消極態度。她的朋友便有以下批評：

> 雙文個性沉靜，積壓久了難免會走極端。【73】

婚姻生活是否對雙文做成很大的壓迫感？雙文對自己單身時住過的小城有很深的懷念，她曾這樣寫道：

> 緩慢的腳步讓人放心，有著人的尊嚴和真正的生活品
> 質。【74】

是否正好支持了前面所提出的雙文對婚姻生活不滿的說法？婚姻生活似乎不能讓雙文體驗到人的尊嚴或真正的生活品質。雙文不能原諒丈夫對自己生死的不在意：

> '好像生死全不是問題嘛？'雙文驀地淚水垂面，順
> 著兩頰往下落到書頁。【75】

可能正是源於這種人性尊嚴的覺醒。

更值得思索的是，仲雙文的出走顯然是處心積慮後的行動，並不像其他故事中常見的女性般，只因一時之氣，拂袖而去。這使她出走的意義，得到進一步深化。其實，蘇偉貞自己就曾從本身的經驗出發，對這個故事作了一些說明：

> 當我要寫〈離家出走〉時，並沒有想到這個故事，那
> 時剛剛結婚，兩個人好不容易生活在一起後，卻發現
> 彼此共同生活需要妥協，至於妥協的對錯，無法衡
> 量。年齡大了總會有自我，自我卻在結婚之後遇上很
> 大的挫折，然而理智又叫我們要適應婚姻，於是我就
> 想到如果有一天完全放下婚姻生活會如何？甚麼背景
> 的人會這樣做？這是不是人對隱士的一種渴望？在這
> 般思索下，便寫出了〈離家出走〉。【76】

再配合前面的論述，可見仲雙文的出走與尋找自我應該是有一定的關係的。

此外，頗為有趣的是，仲雙文出走，在細節上處處仿效另一男性失踪者陳喬高。除了製造了一種遊戲式的嘲弄氣氛外，

亦使我們不禁想到：女作家是否有意在文學的失蹤主題方面，
教女性與男性看齊？

　　施叔青〈晚晴〉的倪元錦，對婚姻也有逃離的欲望：

　　　在她最絕望的時候，屋子裏到處點著燈，她卻感受到

　　　漆黑一團，她坐在客廳，屋頂一寸一寸似是在往下

　　　墜，壓得她透不過氣來，再不逃離，只有窒息而死。

　　　【77】

重獲舊情人消息後，她更不能呆在家中：

　　　那天晚上……她在點燈的小客廳再也待不下去了，隨

　　　手抓起一件外衣，倪元錦奪門而出。【78】

最後她終於拋夫棄子，重會舊情人，並有新生的感覺：

　　　有生以來，第一次，倪元錦覺得自己是個完整的女

　　　人。【79】

蒙期采、仲雙文、倪元錦等，都成功地逃離家庭，雖然以後的
日子是好是壞，仍未可料。其他的女性角色，面對現實的壓
力，卻並不這麼容易就能一走了之！

　　施叔青〈"完美"的丈夫〉的李愫，認識到自己在婚姻中
所扮演的附庸角色後，便曾想過離家出走，但當前的現實卻
是：

　　　上哪兒去呢？李愫把臉從膝蓋間抬起來，還掛滿了淚

　　　水。上哪兒去呢？她以前來往的同學、朋友，搬走的

　　　搬走，結婚的結婚，沒結婚的，索性關起門來，抽

煙、喝酒，做個自暴自棄的老處女。多年來，李憬把
自己的心力、時間整個奉獻給她的家、她的丈夫和孩
子，從來沒想到去找從前的老朋友。【80】

她不能學臺灣的那些結了婚的女人，一和丈夫嘔氣，
就往娘家跑，李憬沒這福氣，她是無處可去。【81】

結果，她還是留在家中，改用另一種方式向丈夫報復。

袁瓊瓊〈自己的天空〉的靜敏在和丈夫談判的過程中，清
楚意識到"他（靜敏丈夫）就不把人當回事"【82】。因而亦有
走開的欲望：

靜敏看著，很想走出去，人聲嗡嗡的。【83】

但是實際的困境卻是：

走出去又怎樣呢？她覺得有點心煩，結婚七年來一直
依賴著良三，她連單獨出門都沒有過，這地方還不知
是哪裏。而且她還沒帶甚麼錢，因為總跟著良三。
【84】

結果便打消了走開的念頭。

蕭颯〈唯良的愛〉的唯良，在發現丈夫不忠後，也曾一度
離家，卻只教她認識到自己毫無獨立生活的能力：

她連個任性離家出走獨自生活的條件也沒有啊！她不
只是賠上了十年的青春在那個家裏，她甚至沒有朋
友，沒有工作，最後手上連一點可以運用的金錢也沒
有，她現在真正是一無所有了。【85】

於是只有"帶著好深的悲哀"【86】，回到丈夫身邊，以另一種
毀滅方式爲自己討回尊嚴。

　　施叔青〈回首，驀然〉的范水秀慘遭丈夫施暴後，亦萌生
逃走的念頭：

> 盡了力氣翻身一滾，范水秀掙脱出那一片陰影，滾下
> 床，她光著身子，跌跌撞撞往房門外跑。'住不得
> 了，住不得了。'……她跑向大門的地方，想逃出
> 去，即使門外是個未知的世界，起碼是條生路，再住
> 下去她真要發瘋了。【87】

付諸行動時，卻爲室內的仙人掌所阻：

> 黑暗中，范水秀忘了立在門後，守護神似的那盆高出
> 人頭的仙人掌，她往前一衝，仙人掌彷彿伸長了它的
> 利爪向她抓來。范水秀的皮膚皺縮著，一陣徹心的痛
> 楚，她一叫，在門口的地方暈了過去。【88】

仙人掌在這裏起了象徵的作用，說明范水秀沒法逃離丈夫的傷
害。在回憶她兩年來所受到的侵犯時，范水秀亦用"無路可
逃"來形容自己的困境：

> 每次丈夫總是那麼猝然，那麼粗暴地按住她。她會在
> 同一天之内被要求好幾次。日以繼夜，范水秀面對俯
> 下向她，丈夫寬大鬆弛的臉，因興奮而雙頰顫動，她
> 只能別過頭去，她知道她無路可逃。【89】

而林傑生也是看準范水秀無處依靠：

你在這兒只有一個人，一個人。【90】

才會如此肆無忌憚。最後范水秀終於逃離丈夫身旁，但周圍的形勢，卻似乎在逼迫她重投魔掌。

　　李昂〈殺夫〉的林市，嫁給陳江水後，備受虐待，也有過逃走的欲望及經驗。剛結婚不久，唯恐陳江水侵犯，即隨時準備溜跑：

　　剛闔上眼，猛聽得陳江水翻個身，嘴裏呀唔著甚麼，

　　林市忙坐起來，抱住一旁從叔叔家攜來的包袱，就想

　　奔逃出來。【91】

後來見陳江水翻身睡了，才沒有逃走，但是"懷裏仍緊摟住包袱"【92】。另一次受逼過甚時，也乘機奔逃：

　　有一回林市伺機在陳江水稍不在意時一把推開他，翻

　　身下床才發現屋內無處可躲避，開門逃跑到外。【93】

不過，她卻發現"清白的月光下，阿罔官赫然的就站在院子裏的大門口"【94】。阿罔官代表了一股惡勢力，她和陳江水可說是站在同一陣線上壓迫林市，所以"明明陳江水就守在門後，林市仍跪爬回房"【95】。林市沒有條件逃走，與缺乏外界援手不無關係。就是她的娘家，也早已表示與她決絕：

　　林市想到去叔叔家，立即憶起嫁出門那天，叔叔怕糾

　　纏講明往後是不用回去了。【96】

因此當"時間久後敵不過酷寒與肚腹塞滿東西後濃烈的渴睡想望"【97】時，林市唯有"重返家園"：

幾許不自覺的朝回家的路上走去。【98】

蘇偉貞《陌路》的沈天末，嫁了給在美的唐閔後，自我也受到影響。她從來"沒有辦法違背唐閔的決定"【99】，當她決定回到臺灣時，唐閔對她說了以下一句話：

如果妳願意，隨時可以回來。【100】

她聽後像挨了一記耳光，頓覺自己的尊嚴不知往那裏去了：

她從來不必很快樂、幸福、完美才過得下去，但是連

起碼的尊嚴也沒有嗎？【101】

不過她確實沒有十足信心：

天末不經意瞥到鏡子裏徬徨的臉，冒上一個念頭──

我不會真應唐閔的話再回他那兒吧？【102】

嚴格說來，她的離家出走，只是"不敢面對殘缺婚姻"【103】的消極逃避。

廖輝英《藍色第五季》的季玫，為了不欲面對自私的丈夫，亦曾離家出走，但擺在眼前的，卻是必須先要解決經濟問題：

天明以後，她穿上所有的厚衣服，足裹馬靴，悄悄的

開門出走。她並不知道自己要去那裏，能去那兒。她

只是覺得，那個家，她再也待不下去了。……空氣冷

得叫人呼吸困難。……她必須有點準備，才能達到目

的。……她須要領出屬於她自己的一分錢，她須要帶

走她的行李。【104】

"空氣冷得叫人呼吸困難"，正好象徵了離家出走後，在外面立足的不容易。季玟第二次出走時，更加意識到自己的困境：

> 她從前庭走出去，走了兩分鐘，才發覺自己和兩年前一樣——一樣的無處可去！一樣的茫然！一樣的束手無策！原來，幾年來自己絲毫沒有進境，仍然是個困守愁城的怨婦！仍然只能在‘家’待不下去時流落街頭而已！【105】

廖輝英另一篇小說〈焚燒的蝶〉的封碧嫦，在發現丈夫有外遇後，也一度離家"出遊"，但只教她更發現自己的孤立無援：

> 她在車上，搜尋了半天，腦子裏竟想不出一個可以讓她投靠和傾談的人。七年間，先是忙，後是懶，她逐漸變成一個終日足不出戶，在柴、米、油、鹽、醬、醋及孩子和電視間打轉，從前較談得來的一、二好友，有嫁到南部去，有依舊上班的，雙方疏於聯絡，慢慢就沒了訊息。至於親友，封家本來就門祚不興，少親缺戚，更沒甚麼人可以投靠或出力的。【106】

所以雖然"恨意難消"【107】，仍得回到家裏。

蕭颯《小鎮醫生的愛情》中的月琴離家出走，企圖自力更生的意義，在第二章中已有詳述，此處不贅。但要指出的是，出走並未能帶來月琴的新生，只是把她推向死亡的深淵。吳達芸有以下的評論：

月琴的覺悟實在太晚了，三十年來完全單純地以丈
夫、兒子爲生活中心的女子，如今已屆暮年，要她獨
自到外地生活，從頭再來，著實不易。因此她儘管自
覺需要獨立，卻又無法完全放開，丈夫的陰影仍然像
夢魘一般纏住她，使她無法舒暢的擁抱自由的天空，
終至抑鬱以終。【108】

　　最後，希望集中地看袁瓊瓊的〈瘋〉，說明一下女性如何
藉著瘋病來抗議男性的壓迫。故事中的老太太在丈夫生前，經
常受到後者的壓迫，在老太太兒子光源的記憶中，便有父親經
常把母親喝去斥來的片斷。一次母親因穿得漂亮受罵後，有以
下的神情：

她不言語，默默的就轉回房去了。……她那一瞬間的
表情，起先是轉白，一下子脹了通紅，再又褪了下
去，變成一種猙獰的灰青色。……臉像整個浸在水
裏，清晰得透明起來，兩顆眼睛黑白分明的凝在那
裏，溺死了的。【109】

老太太當時默不作聲，但心底其實是對丈夫滿懷怨恨的。假若
眼睛是靈魂之窗的話，"溺死"了的雙眼，是否暗示了老太太
心靈受到嚴重摧毀？難怪光源對老太太有這樣的印象：

陳舊，幾乎是腐朽，無告的悲哀著。【110】

　　桑德‧吉爾伯特（Sandra M. Gilbert）及蘇珊‧古巴
（Susan Gubar）曾指出父系社會對女性所要求的服從

（submissiveness）、忘我（selflessness）等特點，往往與人類
的本能衝突，因而很容易導致精神疾病。【111】珍・貝克・米
勒（Jean Baker Miller）也指出：

> 改變自己去迎合他人所需，心理壓抑及扭曲的極端結
> 果往往是造成精神分裂的主因之一。【112】

由此來看，老太太的發瘋，不就正好反映了她心理受到壓抑而
扭曲嗎？不過，從另一個角度來看，則似乎是藉著瘋病，老太
太年輕時"無告的悲哀"才得以"有告"，她不再只能在心底
啃噬自己的憤怨，而能夠盡情抒發，聲色俱厲地回敬丈夫：

> 你這也不讓我，那又不讓我，對我兇哦！你是天皇老
> 子！我告你，我到法院告你，告你精神虐待！【113】

甚至向亡母訴怨：

> 娘，我是有冤沒處訴啊，你怎麼把女兒送到這個惡神
> 手裏，我一肚子說不出的苦。我咬著牙熬，盼望將來
> 跟您訴訴，誰知道您不理女兒，一個人走了哇！
> 【114】

雖然蕭斯哈納・費爾曼（Shoshana Felman）曾指出不能把瘋狂
當作反抗（rebellion），它只是反映了人類被剝奪了抗議、自我
肯定的途徑時瀕臨的絕境。【115】但在袁瓊瓊的安排下，老太
太可說瘋得有條有理，數落亡夫，絕不含糊。女作家為女性伸
訴的企圖，實在彰彰在目。換句話說，老太太的發瘋，並非不
可以象徵對男權社會的反抗。

第四節　小結

　　女性的自我問題，是女性主義文學批評的重要課題。本章首兩節便在愛情與婚姻兩個範疇內，剖析女性的自我如何受到蠶食。討論主要集中在婚姻方面。女性在婚姻中最容易受到男性的傷害。傳統的男性權威，自然是使女性屈從的主要原因。不過，女性有時似乎是“心甘情願”地放棄自我。此外，女性對男性的眷戀也會造就男性的恣意侵略。

　　第三節是本章的討論重點。除了指出女性並不是對自我毫無認知外，更進一步揭示她們不同程度的反抗。其中探討最多的是以“離家出走”爲題統攝下的一環，“娜拉出走”雖已並不新鮮，但仍是女作家筆下女主角樂此不疲的反抗模式。而尤其值得注意的是，女作家對這些新一代的娜拉出走以後的命運並非完全樂觀。最後，則簡單地說明一下女性的發瘋與反抗男權的關係。例子說明，女作家對於以女性的瘋來抗議男權的壓迫，仍然具有一定的信心。

第七章　餘論及總結

第一節　女性身份對六位女作家創作的影響

首先，從女作家運用男性或中性化的筆名來看。六位女作家之中，除非沿用眞名，採用筆名時都捨棄女性化的名字，如朱陵【1】、施叔青、蕭颯、李昂等都是雌雄莫辨的姓名。"昂"字尤其予人男性化感覺，李昂自己便直認不諱：

> 至於取那個昂字，是希望可以昂起頭來，像男生一樣
> 神氣。【2】

想不到十九世紀西方女作家喜用筆名的傳統仍然可以在二十世紀的東方找到痕跡。性別歧視的持續力量實在不可低估。女作家故意掩飾自己的性別身份這種做法在在反映了她們受到的社會壓力。【3】

此外，女作家亦很難避免不從女性角度探討問題，施叔青在《完美的丈夫》的序言中，便有以下自剖：

> 此書的觀點完全從女人的角度出發，或許要遭男性讀
> 者的抗議，然而它無疑地記取了我在十年、二十年前
> 的一段心路歷程。【4】

批評家如劉登翰、鄧友梅、梅子等，也曾指出過施叔青這種以女性爲焦點的女作家的特色。【5】其他五位女作家，也同樣喜歡以女性的特有視角去探觸問題，因此，此類例子，可說

俯拾皆是，不必置疑。令人尋味的反而是，六位女作家偶而
會透過男性的視角去觀察女性，如蘇偉貞的〈生涯〉【6】、
〈離家出走〉【7】、〈高處〉【8】、〈大夢〉【9】，袁瓊瓊的
〈青春〉【10】、〈家劫〉【11】、〈慕德之夜〉【12】、〈媽
媽〉【13】，蕭颯的〈小葉〉【14】、〈尷尬〉【15】，李昂的
〈婚禮〉【16】、〈轉折〉【17】等等。有時她們甚至以男性為
描寫對象，如蘇偉貞的〈長年〉【18】、〈天堂路遠〉【19】。
至於蘇偉貞的〈黑暗的顏色〉【20】，蕭颯的〈老師！吃
餅〉【21】，〈有陽光的日子〉【22】、《少年阿辛》【23】，李
昂的〈長跑者〉【24】，施叔青的〈凌遲的抑束〉【25】，則更
進一步，索性採用第一人稱的男性敘事觀點去剖析男性的心
態。女作家嘗試突破女性的視覺或題材的努力，實在不容忽
視！

　　孟子有"讀其書，不知其人可乎"【26】的說法，這句箴
言，對現代的評論家來說，似乎更發揮得淋漓盡致。他們對
女作家私生活的"關心"，往往不能不令人"搖頭嘆息"，
試看舒昊對李昂責之之切：

> 以一個二十幾歲尚未結婚的女孩子，居然會大膽地寫
> 出連結過婚的男人看了都要為之心神浮動的小說，不
> 論站在甚麼角度來看，李昂的大膽作風，都不能不令
> 人搖頭嘆息。【27】

先不問爲甚麼"心神浮動"，便來個不管如何，一味否定的
姿態！另外如羅會明的訝異：

> 如此的所謂‘成人小說’，竟然會出自一位二十二歲
> 某學院哲學系女學生的手筆。【28】

以及朱炎的發現：

> 要不是周兄，在下不會知道有〈莫春〉一文，更不知
> 道作者還是一位淑女。【29】

無不直指作家的私生活，尤其是"女性"的身份，更是矛頭
所指。【30】桑德‧吉爾伯特及蘇珊‧古巴曾指出女性的身份
是女作家寫作的一個痛苦的障礙物 (painful obstacle)，實在言
之非虛。【31】斯達爾夫人 (Madame de Staël) 在《論文學》
(De La Littérature)一書中也說明了輿論的壓力使女作家不能
不深切感受到輿論製造者的淫威。【32】

　　對於李昂而言，輿論的"淫威"也特別厲害。女性寫
性，引起的非議，似乎已超過文學批評應有的準繩。一些評
論家也不禁爲李昂提出辯釋，如黃秋芳在〈給不知名的收信
人──李昂的《一封未寄的情書》〉即指出：

> 國內讀者對於殺夫的反應，嘲諷、謾罵，以及對於女
> 性作家私生活的揣測與誤解，很快，就掩蓋了全書對
> 於饑餓、死亡與性的本質所付出的關心，以至於當
> 《暗夜》發表以後，讀者在性愛描寫方面的過度反
> 應，幾乎完全抹煞了李昂探討問題的野心。【33】

面對責難，李昂自己也曾提出反駁：

> 《暗夜》中寫到有關性愛的描寫，只有一千字，而
> 《暗夜》是一個六萬多字的小說。不提六萬多字的小
> 說，而偏偏只著重一千字的性愛描寫，會這樣來看小
> 說的，根本上的心態是否有問題？是否值得提出來檢
> 討？我以為這已是一個社會問題。【34】

男作家與女作家"地盤"不同，似乎早有定規，李昂的"不
守規矩"，結果也就帶來"婚姻的危機"，正如梁佳蘿透
露：

> 即使男的和女的作家對某一種題材同具創作的衝動，
> 女性可能就不敢寫。像李昂的小說〈殺夫〉……發表
> 後，好些男讀者就說：'這女人不可以娶來作老
> 婆。'……如果作者是男性，難道女讀者會譁然說：
> '這男人是不可以嫁的'嗎？【35】

李昂自己就曾公開表示，至今未婚，其中一個原因就是擔心
自己結婚的話，不知怎樣向婆婆交代。【36】

　　李昂敢於衝破性的禁忌，標誌了女作家嘗試拓展寫作領
域的努力，她所遇到的種種攻訐，也多少反映了一般人對女
作家存有的偏見。不過，李昂值得注意的並不單是因為她的
"大膽"描寫，而是在女作家群中，她是較有女性自覺意識
的一位。在〈新納蕤思解說〉一文中，她便是有意識地從女

性的立場出發，系統地剖析自己的創作階段。她的意見大致
可以綜合爲以下四點：

1.　初中開始寫作，不覺得自己是個女作家，性別不顯
　　得重要。

2.　到臺北唸大學後，開始寫一些以感情爲主的小說，
　　作品表現出女性的＂纖細的筆調＂、＂濃郁的感
　　情＂。

3.　出國讀書後，開始覺得要寫得像男性作家，認爲這
　　樣才能拓寬小說的領域，但因仍耽溺於女性的身份
　　而無法寫得像男作家。

4.　直到寫〈殺夫〉，意識到無法寫得像男作家，亦無
　　需寫得像他們。這時相信應有一條創作路線，旣可
　　是偉大的，也是女性的。【37】

從耽溺於女性的纖細筆調，到開始模仿男作家，再進而相信
女作家應有自己的路向，李昂的＂自覺＂意識，坦露無遺。
更湊巧的是，以上各點，與伊蘭・修華特的理論有很多相類
之處，如第三點及第四點，相應於＂女性化時期＂及＂女性
時期＂。此外，要注意的是，李昂這篇〈新納蕤思解說〉發
表於一九八四年九月，而在一九八三年五月發表的一篇文章
〈女作家對社會的巨視與微觀〉【38】，曾介紹過女性文學的
幾個分期。雖然文中只泛稱是批評家的論點，而沒有指明是
誰，但幾個分期的說法與伊蘭・修華特的理論頗爲類似。奇

怪的是，李昂卻聲稱沒有讀過伊蘭・修華特的作品。【39】當然，李昂用了伊蘭・修華特的理論而不自知並非沒有可能。無論如何，可以推論的是，李昂創作分期的自剖方法，應該是參考了她自己在〈女作家對社會的巨視與微觀〉中所介紹的理論。

　　此外，在〈我的創作觀〉一文中，李昂亦一再顯示出她對女作家問題的關心：

> 最近兩年來，我的確認真的思索過作為一個女作家的種種，包括女性本身的特質，女性因社會觀念不同的對待產生的差異，女性在人類文化中扮演的角色，女性作家的女性意識，女性作家當今最重大的文化使命，對人類文化可以有的貢獻等等問題。【40】

對於"女性主義文學"一詞，也曾從男女平等的立場，加以說明：

> 女性主義文學並非只探討'女性'而不探討'人性'。【41】

劉達文、蔡寶山在〈李昂和她的"女性主義"小說〉中，亦承認李昂對"女性主義"是有自己的一套理論和主張的，這種思想並往往指導著她的小說創作。從《人間世》開始，李昂作品的人物便經常以女性為中心，反映出女性的情與欲、抱負和希望、痛苦及掙扎等。【42】當然，理念歸理念，落實到作品中，是否成功，又是另一回事。李昂在小說中，是否能充份發揮她的"女性主義"理論，仍值得商榷，但應該可以肯定的是，李昂是有這種企圖的，而就是這種"企圖"，令我們不得不承認她是一位有"女性意識"的女作家。

　　除了李昂外，廖輝英亦不乏對女作家的討論，在一篇〈女作家難為〉的散文中，廖輝英便表達了她這方面的意見。單從題目來看，便可知道廖輝英所欲表達的意念。更值得注意的，是廖輝英所用的嘲諷語調。她用"大男人"一貫的口吻，假設替男人罵女人。一方面顯示了女性寫作的風格絕不限於輕柔綺麗，缺乏幽默感；另一方面亦嘲諷了男性以自我為中心，一味貶抑女性的心態。對於女作家給人的刻板形象，廖輝英也有所揭露：

> 滿天星亮晶晶，女作家擅長織夢，此夢彼夢；兼且情感細膩，能把醜陋的男人寫得像秦漢一樣，在想樣(疑為'像'之誤)的空間裏愛得昏天黑地……。換言之，女作家能在粗糙的現實空間裏，用美、愛、耐心與夢，為許多受苦寂寞而無力的人，懸掛起暫時逃避的星辰。【43】

以嘲諷的語調刻劃女作家的刻板形像，隱藏在語句背後的，是作者對這形象的不認同態度。

　　以下一段，更揶揄了男性對女作家的湧現，其實心懷恐懼，於是藉著貶抑來掩飾：

'文章乃經國之大業'，怎可以讓那些'小女子'猖
狂當道，禍國殃民？於是乎，大男人們紛紛振臂疾
呼，挺身而出，把罵女作家當做為社會肅清妖孽的偉
大事業，一時罵聲不絕，義憤填膺。【44】

從這裏可以帶出的問題是，女作家的作品眞的只是兒女情
長、綺夢連篇、不切實際，抑或只是"無力抗拒'男''文
學家'及'男''批評家'給她們戴帽子搞定位"【45】而被
歪曲、誤解，實在是值得思索及探討的。埃倫‧莫斯 (Ellen
Moers) 提出的"矛盾忠告"(contradictory advice)【46】可以進
一步讓我們瞭解女作家面對的矛盾。她認為女作家經常面臨
以下的矛盾：一方面她們被忠告必須緊守崗位，寫作題材絕
不可逾越愛情的範圍；另一方面，當她們眞正循規蹈矩時，
卻又被看成毫無思想，除愛情外，啥也不會寫的偏狹作
家。【47】臺灣女作家是否也陷於這種困境？

　　前面提到，李昂是女作家群中較有女性自覺意識的一
位。廖輝英在〈嚴肅與通俗之間〉一文中，也顯示了自己藉
著創作來改善女性處境的理想：

在第一個階段的寫作計劃裏，我擬定了以'女性的人
際關係'為問題發掘核心……試圖尋找出一合理的兩
性關係，使女性及早在現代社會中找到適當的定
位。【48】

　　最後要討論的是袁瓊瓊。她不像李昂或廖輝英，親自披甲上陣，用理論文字為女性文學唇槍舌劍，但透過她所寫的一則短篇小說：〈故事〉【49】，卻可以窺見她對女作家的一些看法。在這篇小說中，袁瓊瓊對主角之一的那位女作家沒有給予名字，只泛稱為"女作家"，角色的普遍性意義由是更為突出。透過這位"女作家"把女讀者秦慧雨的真實經驗歪曲成一浪漫故事的例子，不但反映了女作家對女性經驗缺乏深刻的瞭解與認同，亦暗示了女作家寫作缺乏深度、內涵不足、無視事實，只以一己的幻想去編織美夢。此外，秦慧雨拜訪"女作家"，一開始便只留意她的容貌舉止，並適時地對女作家的外貌予以讚賞，而"女作家"亦甘之如飴，努力地符合"美麗"的形象，無不使人懷疑，評估一個女作家時，究竟是看她的"女性成分"抑或是看她的"作家成分"？

　　不過，這篇小說的重要意義不僅在於揭露了女作家給人的公式印象，它所採用的第三人稱敘述觀點尤為值得注意。女讀者秦慧雨由最初滿意於女作家的容貌風度到最後驚覺到自己的經歷被扭曲，無不顯示袁瓊瓊能在適當的距離，冷靜地剖析女作家的寫作能力。此外，秦慧雨以女性身份，而能看清女作家的毛病，也在一定程度上反映了女性的自省能力。

第二節　六位女作家個人創作特色簡說

本來，每一個作家都有其個人特色，但因爲本文是以愛情、婚姻等主題分類，並從六位女作家的小說中抽取例子說明，針對的是其中的類同性，所以沒有個別說明六位女作家的特色，更沒有從年期的劃分著眼，去追溯她們創作風格的演變。不過，從上列各章選取的例子粗略分析，也能發現她們的不同特色。

譬如，李昂除了對女作家的問題有較深入的討論外，對於"性"的探討也顯得最爲"大膽"。她對性行爲過程的細緻描寫，是其他五位女作家所難能比擬的。尤其值得注意的是李昂對女性在性行爲方面的感受的關注。一直以來，女性的從屬地位，使她們只被視作男性的性工具，她們的感受自然受到忽視。李昂卻把女性作爲主體看待，深入地刻劃了她們的內心感受。

有關性的描寫，施叔青雖然不及李昂大膽，但比起其他四位女作家來說，也算能深入其中了。施叔青最善長於描寫那些受盡丈夫虐待的妻子，她們從肉體到精神上受到的傷害，施叔青都不忘數說，充份反映了她是如何站在女性的立場，暴露男性的自私刻薄。對於女作家的問題，她的討論則僅止於以自身的經驗爲討論對象，涉及的範圍不及李昂深廣。

　　廖輝英對女作家的關心，與李昂不遑多讓。她經常在散文中討論女作家的問題。雖然她的意見往往只能歸入閒談式的小品而缺乏嚴謹的理論基礎，但也足見她對這方面的關注。她的小說曾惹來通俗之譏，但換個角度來看，正是這種通俗，揭示了現代男女在愛情、婚姻路途上所遇到的種種較爲實際的問題。

　　蘇偉貞筆下的男女關係，若即若離，常常讓人產生難以捉摸的感覺。小說中的人物，最是不吃“人間煙火”，情操高尚，絕不平凡。她寫愛情，“純度”很高，愛情就是愛情，較少涉及其他方面的描寫。筆下的女性，大多氣質非凡，唯聰慧有餘，卻不能衝破情關，只有自苦一生！不過，她最新出版的小說〈黑暗的顏色〉【50】，則突破了她一貫純寫愛情的作風。她以第一身的敘述觀點，深入地剖視了一個男性釋囚的心態，標誌了女作家嘗試擴大寫作題材的努力。

　　袁瓊瓊的小說，最受人注目的是她那冷靜、幽默的風格。女作家一向被公認爲只善長於運用“感性”的筆調，“幽默”似乎是男作家的特有風格。袁瓊瓊則可說是一個異數，她那明快、幽默的風格，打破了一貫以來女作家給人的拘謹形象。此外，她筆下每多反抗男權的女性，隱藏在那幽默語調背後的，是對男性的挖苦、作弄。

　　蕭颯除了早期的作品如《長堤》【51】流於理念式的生澀外，後來的作品都漸趨完熟。她對男女的愛恨糾纏有頗爲全面的反映，在愛情、婚姻外，涉及的社會層面較廣。除了描寫女性的思想感情外，蕭颯亦經常不忘暴露男性的種種心態。此外，值得注意的是她那篇寫女同性戀的小說。李昂在〈莫春〉【52】中雖然也涉及女同性戀的描寫，但並不是故事的主要題材。蕭颯的〈迷愛〉【53】卻是全篇以女同性戀者爲描寫對象。女同性戀是激進女權份子所接受的觀念，蕭颯這篇小說中的女同性戀者，最後都不免一死，收場悲慘，是否暗示了蕭颯對同性戀者前景不表樂觀？

第三節　　總結

　　本論文第一章從女作家給人的公式印象及近年來臺灣女作家的湧現說起，指出女作家因性別身份而引致的寫作問題。此外更討論了運用西方女性主義文學批評的原理來剖析中國文學的可能性。最後簡單交代全文的綱目。

　　第二章則以女性在愛情方面往往是付出的一方爲前題，指出女性在愛情中經受的苦痛，以致死亡。雖然如此，女性並沒有因而得到應有的成長。最後探討了女性的年紀與愛情的關係，女作家著意描寫的，仍是較傳統的一面，即女性年紀越大，獲得愛情的機會便愈少，引致的訕笑亦更多。

　　第三章指出經濟與女性婚姻的關係。打從結婚的動機及至眞正介入婚姻生活，金錢始終扮演著關鍵的角色，正好帶出了現代婦女經濟未能獨立的悲哀及可憐。最後則表明了現代夫妻關係的疏離隔膜。

第四章除了討論女性在性方面受到男性的壓迫外，更在一定程度上正視了女性的性需要。對於女性的性反抗，也有一定的刻劃。最後並帶出性的積極性一面，揭開女作家少見的光明面描寫。

第五章剖析了外遇問題。在揭示了不和諧的婚姻關係與外遇的因果關係後，探討最多的是妻子、第三者這些女性的心態。其中對於情婦愛情的討論，再一次印證了第二章的說法：女性對愛情是不計犧牲的專注、執著！

第六章從愛情、婚姻中去審視女性的自我受到的影響。得出的結論是，女性的自我往往因為愛情、婚姻而受到蠶食、剝削。女性對於自己這種處境卻不一定自覺，就算明知也不一定有能力或成功地反抗。

歸納各章，一個相同的論點是：男女的關係並不和諧，有時甚至達到互鬥的對峙地步。佛洛伊德曾指出過，男性對女性的佔有欲及女性表面的臣服態度，是造成兩性互相敵視、對抗的重要原因。【54】審視以上各章論述的兩性關係，的確可以用佛洛伊德的理論去解釋，因為無論在愛情、婚姻、性、外遇及自我等方面，女性都往往處於附屬地位，任由男性駕馭、控制。不過，更值得深思的是：女性的所謂臣服，有時只是表面的現象，潛藏於內的，可能是一種壓抑的怨恨，這種所謂"古老恨意"【55】，可能正在隨時伺機冒竄。因此，在各章之中，除了說明女作家如何揭露女性受男性壓迫外，亦顯示了女性的反抗。然而，成功也好、失敗也好，卻始終沒有促進兩性的和諧，在在顯示了女作家對於改善兩性協調關係缺乏信心。

其實，在六位女作家筆下，不但男性與女性的關係惡劣，就算女性與女性之間，也往往缺乏應有的相知與互助精神。姊妹盟是強大的說法，似乎只能是女性主義者一廂情願的理想。兩女爭一男的故事，便是六位女作家小說中的常見模式。為了爭奪心中所愛，女性各展奇謀，務求擊敗競爭對手。如袁瓊瓊〈愛的邊緣地帶〉【56】中的小夏與葉香，為了奪得元元的愛，相互較勁，絕不留餘地，最後從中取利的，自然是男性了。這種寫法，大大滿足了男性的性幻想，符合男性優勢的概念。

最後，希望說明的是：女作家在表現男性對女性的潛在恐懼方面，與男作家實在不遑多讓。蘇偉貞的〈大夢〉【57】、袁瓊瓊的〈燒〉【58】，便是兩個明顯例子。江父因抵受不了妻子的性格迫害，離家出走。清肇可沒有如此幸運，在妻子的"迫害"下，他只有死亡一途。這裏進一步選擇母性的力量為題，加以討論。卡倫・霍尼已指出過男性對女性懷有子宮嫉妒 (womb envy)情結。【59】六位女作家對於女性這種生殖能力並沒有忽視，她們筆下的女性如袁瓊瓊〈男

女〉的愛達【60】、蕭颯〈黃滿眞〉的黃滿眞【61】、蘇偉貞
〈回首〉的少莊【62】，在懷孕後，都企圖獨立自足，並没有
依賴男性的願望，有時甚至極力保持懷孕的私密性，不讓對
方知悉。這種"自足"的母性力量，對男性構成的威脅可想
而知。蕭颯〈盛夏之末〉【63】的李愿，爲了報復妻子，竟然
私自做了絕育手術，以斷絕妻子企圖懷孕的欲望，正好象徵
性地說明男性對女性生育能力的潛藏恐懼。此外，女性的母
性力量還表現在對孩子的控制及影響方面。施叔青〈回首，
驀然〉的林傑生對妻子的恣意虐待【64】、〈最好她是尊觀
音〉中愈岩對女友的緊緊監視【65】，無不是源於他們母親的
影響。至於袁瓊瓊〈媽媽〉的程太太【66】、〈迴〉的素
雲【67】，更能隨時置兒子於死地！

第一章　注釋

【1】　齊邦媛：〈閨怨之外——以實力論臺灣女作家〉，《聯合文學》1卷5期（1985年3月），頁6。

【2】　a. 魏偉琦：〈中華民國的女作家〉，《文學時代》8期（1982年7月），頁5。

　　　b. 李美枝：《性別角色面面觀——男人與女人的權利暗盤》（臺北：聯經出版公司，1987）頁56。

　　　c. 余光中等：〈臺灣女作家〉，《文藝》8期（1983年12月），頁20-21。

　　　d. 雖然蔣廉儒所說的："女作家與文學結了不解之緣。無論在中國或外國的文壇上，女作家所佔的比重特別大，貢獻特別豐富。"仍值商權，但他所指出的："在臺灣短短的三十年的承平日子裡，文學蓬勃地發展起來，讀者群擴大，作家輩出;而像歷史上常見的現象一樣，我們的女作家也是如雨後春筍，處處茁長出來。"也實非妄言。見蔣廉儒：〈女性在文學的王國〉，《中央日報》1984年2月18日，版10。

　　　e. 李子雲：〈關於〈油蔴菜籽〉〉，附錄於廖輝英：《油蔴菜籽》（北京：中國文聯出版公司，1987）頁1。

【3】 西蒙‧特‧波娃稱女性爲"第二性"（*The Second Sex*），見西蒙‧（特）波娃著，歐陽子等譯：〈形成期〉，《第二性——女人》（*The Second Sex*）（臺北：晨鐘出版社，1984）頁1。

【4】 Elaine Showalter, *A Literature of Their Own: British Women Novelist from Bront. to Lessing* （Princeton: Princeton UP, 1977）12-13.

【5】 a. Josephine Donovan, "Feminist Style Criticism", *Images of Women in Fiction: Feminist Perspectives*, ed. Susan Koppelman Cornillon （Bowling Green: Bowling Green U Popular P, 1972）341.

b. Annis Pratt, et al, *Archetypal Patterns in Women's Fiction*（Brighton: Harvester Press, 1982）, 6.

【6】 祝仲華：〈英美的女性文學〉，《臺灣文藝》81期（1983年3月），頁30。

【7】 蔡源煌：〈女性主義批評的商榷〉，《幼獅文藝》398期（1987年2月），頁58。

【8】 參【4】，頁13。

【9】 黃重添：《臺灣當代小說藝術採光》（廈門：鷺江出版社, 1987）頁137-140。

【10】 祝仲華亦有這樣的說法："當然, 這三階段的發展不是可以截然劃分的, 其中許多作者及作風都會有相互重疊

之處, 不過, 從分析這三個時期, 我們就比較能夠對 ' 女性文學 ' 的發展有個較清晰的概念。" 參【6】，頁32-33。

【11】 Lanhung Chiang, and Yenlin Ku, *Past and Current Status of Women in Taiwan* （Taipei：Population Studies Centre of the Taiwan U, 1985） 1-45.

【12】 林淑意：〈没有女作家，只有作家，英美文壇的 " 女性文學 " 論爭 〉，《聯合文學》1卷5期（1985年3月），頁31。

【13】 呂秀蓮：《新女性主義》（高雄：敦理出版社，出版日期缺）頁1-290。

【14】 呂秀蓮：《這三個女人》（臺北：自立晚報社，1985）頁1-197。

【15】 呂秀蓮：《情》（高雄：敦理出版社，1986）頁1-277。

【16】 李元貞：〈婦女運動與女性主義 —— 創造兩性的天空〉，《火，漂在水上》（陳小紅編，臺北：久大文化公司，1987）頁141-160。

【17】 參上，頁156-157。

【18】 李元貞：〈女性主義文學批評下的臺灣文壇〉，《1986臺灣年度評論》（許津橋等編，臺北：圓神出版社，1987）頁217-240。

【19】可舉有關論文、專籍如下：

a. 林綠：〈女性主義文學批評〉，《臺灣文藝》81期
　　（1983年3月），頁41-43。

b. 蔡源煌：〈莎士比亞對女性問題的一點啓示〉，
　　《聯合文學》17期（1986年3月），頁39-45。

c. 宋德明：〈吳爾芙作品中的女性意識〉，《中外文
　　學》14卷10期（1986年3月），頁50-65。

d. 吳爾芙（Virginia Woolf）著，范國生譯：〈莎士比
　　亞的妹妹〉，《中外文學》14卷10期（1986年3
　　月），頁66-76。

e. 伊蘭‧修華特著，張小虹譯：〈荒野中的女性主義
　　批評〉（"Feminist Criticism in the Wilderness"），
　　《中外文學》14卷10期（1986年3月），頁77-113。

f. 廖炳惠：〈試論當前意識型態研究及女權批評的得
　　失〉，《中外文學》14卷11期（1986年4月），頁
　　40-77。

g. 翁德明：〈最受爭議的女性主義者——西蒙‧德‧波
　　娃〉，《當代》2期（1986年6月），頁10-13。

h. 張靜二：〈波西亞——莎翁筆下的女強人〉，《中外
　　文學》15卷2期（1986年7月），頁4-29。

i. 廖炳惠：〈女性主義與文學批評〉，《當代》5期
　　（1986年9月），頁35-48。

j. 楊美惠：〈英美婦女問題與性革命〉，《當代》5期
（1986年9月），頁14-23。

k. 瑪奇・洪姆（Maggie Humm）著，成令方譯：〈女
性文學批評〉（"Feminist Criticism"），《聯合文
學》4卷12期（1988年10月），頁24-29。

l. 簡瑛瑛：〈女性主義的文學表現〉，《聯合文學》4
卷12期（1988年10月），頁10-23。

m. 高天香：〈"亞當與夏娃的故事"新解〉，《中外文
學》17卷10期（1989年3月），頁10-22。

n. 李元貞：〈臺灣現代女詩人的自我觀〉，《中外文
學》17卷10期（1989年3月），頁23-39。

o. 簡瑛瑛：〈性別、金錢、權力：重讀《摩兒・佛蘭
德思》〉，《中外文學》17卷10期（1989年3月），
頁40-60。

p. 黃毓秀：〈《奧瑞泰亞》諸女神與父權意識的形
成〉，《中外文學》17卷10期（1989年3月），頁71-
90。

q. 席芭曼（Lauren Silberman）著，廖朝陽譯：〈《仙
后》第三卷的雙性設辭〉（"Singing Unsung Heroines:
Androgynous Discourse in Books 3 of the Faerie
Queene"），《中外文學》17卷10期（1989年3
月），頁91-112。

r. 愛麗絲・史瓦茲（Alice Schwarzer）著，顧燕翎等
譯：《拒絕做第二性的女人——西蒙・波娃訪問錄》
（*After the Second Sex : Conversations with Simone de
Beauvoir*）（臺北: 婦女新知雜誌社， 1986）頁3-
162。

s. 貝蒂・傅瑞丹（Betty Friedan）著，施寄青譯：《女
性主義第二章》（*The Second Stage*）（臺北：洪建全
教育文化基金會， 1987）頁3-243。

t. 子宛玉編：《風起雲湧的女性主義批評（臺灣篇）》
（臺北： 谷風出版社， 1988）頁1-470。

【20】同【7】。

【21】 Cheri Register, "American Feminist Literary Criticism: a
Bibliographical Introduction", *Feminist Literary Criticism:
Explorations in Theory*, ed. Josephine Donovan
（Lexington:UP of Kentucky, 1975）2.

【22】 a. Annette Kolodny, "Some Notes on Defining a
'Feminist Literary Criticism'", *Feminist Criticism:
Essays on Theory, Poetry and Prose*, ed. Cheryl L.Brown,
and Karen Olsen（Metuchen:Scarecrow Press, 1978）37.

b. Elaine Showalter, "Feminist Criticism in the
Wilderness", *The New Feminist Criticism*, ed. Elaine
Showalter（New York: Pantheon, 1985）244.

【23】林綠甚至有這樣的說法："女性主義文學批評，就學術嚴格的文學批評而言，並不是一套方法（例如結構主義記號學等），或是一種學術訓練（discipline）；它只是一種批評的方式，正確的說法，應該是一種批評觀。"參【19】a，頁42。

【24】參【18】，頁218。

【25】a. 參【18】，頁219。

b. Gloria Bowles, and Renate Duelli Klein, "Introduction: Theories of Women's Studies and the Autonomy / Integration Debate", *Theories of Women's Studies*, eds. Gloria Bowles, and Renate Duelli Klein （London:Routledge and Kegan Paul,1983）15.

【26】a. Gayle Greene,and Coppelia Kahn, "Feminist Scholarship and the Social Construction of Woman", *Making a Difference : Feminist Literary Criticism*, eds. Gayle Greene, and Coppelia Kahn （London: Methuen, 1985） 1.

b. Margaret R. Higonnet, "Introduction", *The Representation of Women in Fiction*, eds. Carolyn G. Heilbrun, and Margaret R.Higonnet （Baltimore: Johns Hopkins UP, 1983） 15.

【27】廖炳惠有以下的說法："說這個社會是父系中心，女性作家不得不發展自己的＇女性寫作＇（écriture féminine），創立另一套語言，而女性批評家更得提防男性批評家的術語、思想，不能落入巢穴……，只表示學者二元對立，＇抑否？＇（either-or）的邏輯替代了社會的實情，因而產生了兩難的情境：＇對，女性是和異性不同，她們受到壓迫＇；＇不，女性和男性一樣，也有相同的權力，應和男性一般受尊重，一切和男性無異。＇我的觀感是這種讀法過於閉塞，到頭來，只會繞圈子，無法真正震撼文化，文學的基礎，正統。"參【19】h，頁42。

【28】參【6】，頁32。

【29】李昂：〈女作家對社會的巨視與微觀〉，《中國論壇》16卷4期（1983年5月），頁52。

【30】參【18】，頁236-237。

第二章　注釋

【1】　叔本華著，陳曉南譯：《叔本華論文集》（天津：百花文藝出版社，1987）頁128。

【2】　同上。

【3】　愛・摩（愛德華）・福斯特著，蘇炳文譯：《小說面面觀》（廣州：花城出版社，1985）頁47-48。

【4】　John Bayley, *The Characters of Love: A Study in the Literature of Personality* (London: Constable, 1960) 3.

【5】　李昂：〈愛情：公開的禁忌〉，《貓咪與情人》（臺北：時報文化出版公司，1987）頁51。

【6】　袁瓊瓊：〈眾生〉，《滄桑》（臺北：洪範書店，1985）頁185。

【7】　Mihaly Csikszentmihalyi, "Love and the Dynamics of Personal Growth", *On Love and Loving: Psychological Perspectives on the Nature and Experience of Romantic Love*, ed. Kenneth S. Pope and Associates (San Francisco: Jossey-Bass, 1980) 312.

【8】　Lawrence K. Frank, "On Loving", *The Meaning of Love*, ed. Ashley Montagu (Westport: Greenwood Press, 1974) 25.

【9】　李昂：〈移情〉，《一封未寄的情書》（臺北：洪範書店，1986）頁113-118。

【10】　六臣註：《文選》（四部叢刊本）卷19，頁1a-12a。

【11】　Denis De Rougemont, *Love in the Western World*, trans. Montgomery Belgion（Princeton：Princeton UP, 1983）52.

【12】　西蒙・（特）波娃著，歐陽子等譯：〈正當的主張與邁向解放〉，《第二性——女人》（臺北：晨鐘出版社，1984）頁36-37。

【13】　參【1】，頁137。

【14】　袁瓊瓊：〈鍾愛——男人的愛（代序）〉，《鍾愛》（袁瓊瓊編，臺北：林白出版社，1985）頁3。

【15】　蘇偉貞：〈漁火還是星火〉，《問你》（臺北：李白出版社，1987）頁79。

【16】　參【14】，頁4-5。

【17】　Everett L. *Shostrom, Man, the Manipulator: The Inner Journey from Manipulation to Actualization*（Nashville：Abingdon Press, 1967）146-156.

【18】　李昂：〈愛情試驗〉，《愛情試驗》（臺北：洪範書店，1986）頁80-92。

【19】　參【8】，頁41。

【20】　Joseph Bédier, *The Romance of Tristan and Iseult*, trans. Hilaire Belloc, and Paul Rossenfeld（New York: Doubleday, 1953）11-190.

【21】　蘇偉貞：〈陪他一段〉，《陪他一段》（臺北：洪範書店，1985）頁4。

【22】　蘇偉貞：《紅顏已老》（臺北：聯合報社，1981）頁19。

【23】　蘇偉貞：〈不老紅塵〉，參【21】，頁91。

【24】　蕭颯：〈禪〉，《日光夜景》（臺北：聯經出版公司，1977）頁125。

【25】　蕭颯：〈小葉〉，《死了一個國中女生之後》（臺北：洪範書店，1985）頁37-57。

【26】　廖輝英：《不歸路》（臺北：聯合報社，1983）頁1-135。

【27】　廖輝英：〈今夜微雨〉，《今夜微雨》（臺北：聯經出版公司，1986）頁15。

【28】　蘇偉貞：〈人間的愛〉，《歲月的聲音》（臺北：洪範書店，1984）頁38。

【29】　烏納穆諾著，楊勇翔編選：《生命的悲劇意識》（哈爾濱：北方文藝出版社，1987）頁88-89。

【30】　參上，頁89。

【31】　Erich Fromm, *The Art of Loving* (London: Unwin, 1975) 80-83.

【32】　Robert G. Hazo, *The Idea of Love* (New York: Frederick A. Praeger, 1967) 15-28.

【33】　參【21】，頁3。

【34】　同【21】。

【35】　參【21】，頁5。

【36】　參【21】，頁7。

【37】　參【26】，頁78。

【38】　袁瓊瓊：〈自己的天空〉，《自己的天空》（臺北：洪範書店，1985）頁144。

【39】　袁瓊瓊：〈男女〉，《兩個人的事》（臺北：洪範書店，1984）頁64。

【40】　參上，頁68。

【41】　李昂：〈一封未寄的情書〉，參【9】，頁11。

【42】　李昂：〈年華〉，《年華》（臺北：時報文化出版公司，1988）頁62。

【43】　同上。

【44】　施叔青：〈情探〉，《一夜遊——香港的故事》（香港：三聯書店，1985）頁140。

【45】　蘇偉貞：〈從前，有一個公主和一個王子〉，《離家出走》（臺北：洪範書店，1987）頁35。

【46】　參【21】，頁3。

【47】　蘇偉貞：〈舊愛〉，《舊愛》（臺北：洪範書店，1985）頁261。

【48】　袁瓊瓊：〈江雨的愛情〉，《春水船》（臺北：洪
　　　　範書店，1985）頁106。

【49】　同上。

【50】　施叔青：〈常滿姨的一日〉，《愫細怨》（臺北：
　　　　洪範書店，1984）頁7。

【51】　施叔青：〈後街〉，《完美的丈夫》（臺北：洪範書
　　　　店，1985）頁155。

【52】　參【27】，頁18。

【53】　參【27】，頁19。

【54】　參【27】，頁20。

【55】　參【27】，頁31。

【56】　參【27】，頁32。

【57】　李昂：〈一封未寄的情書〉，參【9】，頁31。

【58】　同【42】。

【59】　參【21】，頁6。

【60】　參【27】，頁12。

【61】　蘇偉貞：〈不老紅塵〉，參【21】，頁90。

【62】　參【21】，頁3。

【63】　參【21】，頁15。

【64】　參【26】，頁27-28。

【65】　參【27】，頁13。

【66】　參【27】，頁13-14。

【67】　陳樂融：〈陪他一段紅顏已老——論蘇偉貞小說的愛情觀照〉，《中外文學》20卷4期（1983年9月），頁142。

【68】　參上，頁138。

【69】　參【21】，頁2。

【70】　參【21】，頁22。

【71】　袁則難：〈也是爲了愛——我看蘇偉貞的小說〉，《新書月刊》4期（1984年1月），頁36。

【72】　Francesco Alberoni, *Falling in Love*, trans. Lawrence Venuti（New York: Random House, 1983）40-41.

【73】　Laurence Lerner, *Love and Marriage: Literature and Its Social Context*（London: Edward Arnold, 1979）11.

【74】　參【28】，頁35。

【75】　蘇偉貞：〈人間有夢〉，《人間有夢》（臺北：現代關係出版社，1984）頁101。

【76】　參上，頁104。

【77】　蘇偉貞：〈感情角色〉，參【21】，頁109。

【78】　李昂：〈一封未寄的情書〉，參【9】，頁18。

【79】　李昂：〈一封未寄的情書〉，參【9】，頁19。

【80】　李昂：〈曾經有過〉，參【9】，頁45。

【81】　李昂：〈假面〉，參【9】，頁48、51。

【82】　李昂：〈轉折〉，參【18】，頁102。

【83】　李昂：〈轉折〉，參【18】，頁105。

【84】　袁瓊瓊：〈愛的邊緣地帶〉，參【6】，頁56。

【85】　袁瓊瓊：〈愛的邊緣地帶〉，參【6】，頁68。

【86】　谷楓：〈蘇偉貞——自困自苦的言情小說〉，《突
　　　　破》11卷8 期（1984年8月），頁43。

【87】　參【26】，頁135。

【88】　參【27】，頁3-96。

【89】　a. 廚川白村著，顏寧譯：《苦悶的象徵》（臺中：晨
　　　　　星出版社，1987）頁137。

　　　　b. Robert A. Johnson, *The Psychology of Romantic Love*
　　　　　（London： Arkana, 1987）147.

【90】　Reuben Fine, *The Meaning of Love in Human Experience*
　　　　（New York: Wiley-Interscience, 1985）196.

【91】　同【89】b。

【92】　同【11】。

【93】　Bernhard A. Bauer, *Woman and Love*, Trans. Eden and
　　　　Cedar Paul,2 vols.（New York: Boni and Liveright, 1927）
　　　　vol. 1:195.

【94】　參上，頁195-6。

【95】　參【26】，頁25。

【96】　參【22】，頁5。

【97】　參【21】，頁3。

【98】　參【89】b，頁155。

【99】　同【86】。

【100】　參【27】，頁96。

【101】　叔本華著，陳曉南譯：《愛與生的苦惱》（臺北：
　　　　志文出版社，1986）頁19。

【102】　參【72】，頁20。

【103】　Leslie A. Fiedler, *Love and Death in the American Novel*,
　　　　rev. ed. （Harmondsworth：Penguin, 1984）1- 719.

【104】　Roger Stilling, *Love and Death in Renaissance Tragedy*
　　　　（Baton Rouge: Louisiana State UP, 1976）1- 297.

【105】　參【101】，頁21。

【106】　Rollo May, *Love and Will*（London: Souvenir Press, 1970）
　　　　102.

【107】　今道友信著，徐培等譯：《關於愛》（北京：三聯
　　　　書店，1987）頁131。

【108】　參【29】，頁84。

【109】　馬庫色著，陳昭瑛譯：《美學的面向——藝術與革
　　　　命》（香港：青文書屋，出版日期缺）頁55。

【110】　伊‧巴丹特爾著，陳伏保等譯：《男女論》（長沙：
　　　　湖南文藝出版社，1988）頁120。

【111】　參【21】，頁1-22。

【112】　袁瓊瓊：〈迴〉，參【6】，頁187-204。

【113】　袁瓊瓊：〈青春〉，參【39】，頁91-113。

【114】　蕭颯：〈意外〉，《二度蜜月》（臺北：聯經出版公司，1978）頁217-229。

【115】　蕭颯：《小鎮醫生的愛情》（臺北：爾雅出版社，1985）頁3-424。

【116】　蕭颯：〈唯良的愛〉，《唯良的愛》（臺北：九歌出版社，1986）頁7-91。

【117】　同【25】。

【118】　蕭颯：《少年阿辛》（臺北：九歌出版社，1985）頁3-233。

【119】　蘇偉貞：《陌路》（臺北：聯經出版公司，1986）頁1-227。

【120】　蘇偉貞：〈不老紅塵〉，參【21】，頁75-99。

【121】　袁瓊瓊：〈流水年華〉，參【38】，頁99-109。

【122】　參【119】，頁12。

【123】　Hanna Levenson, and Charles N.Harris, "Love and the Search for Identity", see 【7】, 276.

【124】　Ronald D. Laing, *The Divided Self: A Study of Sanity and Madness* (London: Tavistock, 1960) 45.

【125】　參【12】，頁64。

【126】　參【21】，頁9。

【127】　參【21】，頁15。

【128】 同【109】。

【129】 Karl A. Menninger, *Man Against Himself* (New York: Harcourt, 1938) 87-88.

【130】 蘇偉貞：〈不老紅塵〉，參【21】，頁94。

【131】 參【67】，頁145。

【132】 Erwin Stengel, *Suicide and Attempted Suicide* (Harmondsworth: Penguin, 1964) 115-116.

【133】 參【118】，頁225。

【134】 同上。

【135】 參【114】，頁229。

【136】 參【114】，頁228。

【137】 西蒙・（特）波娃著，歐陽子等譯：〈處境〉，參【125】，頁200。

【138】 參【115】，頁402。

【139】 同【116】。

【140】 袁瓊瓊：〈迴〉，參【6】，頁193。

【141】 袁瓊瓊：〈流水年華〉，參【38】，頁102。

【142】 參【89】b，頁134-5。

【143】 Grace O'Neill Hovet, *The Bildungsroman of the Middle-aged Woman: Her Emergence as Heroine in British Fiction since 1920*, diss., University of Kansas, 1976. (Ann Arbor: University Microfilms International, 1980) 68.

【144】　蘇偉貞：〈隔著夏天〉，參【47】，頁39。

【145】　蘇偉貞：〈隔著夏天〉，參【47】，頁43。

【146】　袁瓊瓊：〈荼蘼花的下午〉，參【38】，頁39。

【147】　李昂：〈轉折〉，參【18】，頁93-119。

【148】　參【24】，頁113-138。

【149】　蕭颯：〈水月緣〉，參【24】，頁245。

【150】　蕭颯：〈水月緣〉，參【24】，頁247。

【151】　參【50】，頁33。

【152】　Theodor Reik, *Of Love and Lust：On the Psycho-analysis of Romantic and Sexual Emotions*（London: Souvenir Press, 1975）42.

【153】　蕭颯：〈廉楨媽媽〉，《我兒漢生》（臺北：九歌出版社，1981）頁118。

【154】　參上，頁119。

【155】　同上。

【156】　參【153】，頁124。

【157】　同上。

【158】　羅伯特・約翰遜曾指出，真正來說，我們在愛情之中，經常追求的，並非別人，而只是自己的期望、幻想。參【89】b，頁193。

【159】　參【153】，頁130。

【160】　同上。

【161】 參【109】，頁54。

【162】 參【153】，頁124。

【163】 參【153】，頁136。

【164】 參【115】，頁169。

【165】 參【115】，頁169。

【166】 參【115】，頁218。

【167】 參【115】，頁43。

【168】 參【115】，頁45。

【169】 參【115】，頁80。

【170】 參【115】，頁55-56。

【171】 參【115】，頁361。

【172】 同【116】。

【173】 同【26】。

【174】 李昂：〈外遇連環套〉，參【9】，頁161-226。

第三章　注釋

【1】　靄理士著，潘光旦譯：《性心理學》（ *Psychology of Sex* ）（重慶：商務印書館，1946）頁280。

【2】　Karen Horney, *Feminine Psychology* （New York： W. W. Norton, 1967）119.

【3】　納撒尼爾・布拉登著，陳建萍譯：《浪漫愛情的心理奧秘》（杭州：浙江人民出版社，1988）頁141。

【4】　穆拉來爾著，葉啓芳譯：《婚姻進化史》（*The Evolution of Modern Marriage*）（上海：商務印書館，1935）頁141- 150。

【5】　同【2】。

【6】　賴德勒、賈克生著，林克明譯：《婚姻生活的藝術——婚姻的幻象》（ *The Mirages of Marriage* ）（臺北：志文出版社，1979）頁21。

【7】　廖輝英：〈小貝兒的十字架〉，《油蔴菜籽》（臺北：皇冠出版社，1985）頁110。

【8】　蕭颯：〈馬氏一家〉，《日光夜景》（臺北：聯經出版公司，1977）頁258。

【9】　施叔青：〈晚晴〉，《韭菜命的人》（臺北：洪範書店，1988）頁17。

【10】　同上。

【11】　廖輝英：〈油蔴菜籽〉，參【7】，頁9-44。

【12】　李昂：〈殺夫〉，《殺夫》（臺北：聯合報社，出版日期缺）頁75-202。

【13】　蘇偉貞：〈情份〉，《陪他一段》（臺北：洪範書店，1984）頁36。

【14】　參上，頁35。

【15】　施叔青：〈回首，驀然〉，《完美的丈夫》（臺北：洪範書店，1985）頁101。

【16】　參上，頁109。

【17】　薛興國輯：〈中外名家話寂寞〉，《聯合文學》4卷10期（1988年8月），頁62。

【18】　施叔青：〈困〉，參【15】，頁64。

【19】　蕭颯：〈葉落〉，參【8】，頁78。

【20】　蕭颯：〈水月緣〉，參【8】，頁226。

【21】　Alexandra Symonds, " Phobias after Marriage, Women's Declaration of Dependence " , *Psychoanalysis and Women：Contributions to New Theory and Therapy*, ed. Jean Baker Miller（New York：Brunner, 1973）297.

【22】　瑪琳・格林著，張乙宸譯：《婚姻關係》（*Marriage*）（臺北：遠流出版公司，1986）頁34。

【23】　施叔青：〈壁虎〉，《倒放的天梯》（香港：博益出版公司，1983）頁1。

【24】　蘇偉貞：〈不老紅塵〉，參【13】，頁75-99。

【25】 Robert Seidenberg, " For the Future-Equity ？ ", see 【21】, 335, 348.

【26】 Charles Blinderman, " The Servility of Dependence: The Dark Lady in Trollope ", *Images of Women in Fiction: Feminist Perspectives*, ed. Susan Koppelman Cornillon（Bowling Green: Bowling Green U Popular P, 1972）58-59.

【27】 袁瓊瓊：〈少年時〉，《自己的天空》（臺北：洪範書店，1985）頁210。

【28】 袁瓊瓊：〈海濱之夜〉，參上，頁156。

【29】 施叔青：〈困〉，參【15】，頁62-65。

【30】 廖輝英：〈玫瑰之淚〉，《焚燒的蝶》（臺北：時報文化出版公司，1988）頁119-149。

【31】 蕭颯：〈長堤〉，《長堤》（臺北：臺灣商務印書館，1972）頁27-35。

【32】 瑪麗拉曼納、艾格尼雷德門著，李紹嶸等譯：《婚姻與家庭》（*Marriages and Families*）（臺北：巨流圖書公司，出版日期缺）頁94-96。

【33】 袁瓊瓊：〈顏振〉，《滄桑》（臺北：洪範書店，1985）頁28。

【34】 蕭颯：《少年阿辛》（臺北：九歌出版社，1985）頁76。

【35】　蘇偉貞：〈兩世一生〉，《世間女子》（臺北：聯合報社，1983）頁127。

【36】　蘇偉貞：《紅顏已老》（臺北：聯合報社，1981）頁4。

【37】　蘇偉貞：〈陪他一段〉，參【13】，頁6。

【38】　參【36】，頁55。

【39】　參【36】，頁56。

【40】　參【7】，頁104。

【41】　參【7】，頁110。

【42】　參【7】，頁40。

【43】　廖輝英：〈今夜微雨〉，《今夜微雨》（臺北：聯經出版公司，1986）頁55。

【44】　廖輝英：〈臺北婚姻〉，參上，頁173-176。

【45】　蕭颯：〈戰敗者〉，參【8】，頁169。

【46】　劉紹銘：〈時代的抽樣——論蕭颯的小說〉，附錄於蕭颯：《唯良的愛》（臺北：九歌出版社，1986）頁200。

【47】　蕭颯：〈姿美的一日〉，《二度蜜月》（臺北：聯經出版公司，1978）頁26。

【48】　蕭颯：《如夢令》（臺北：九歌出版社，1985）頁257。

【49】　蘇偉貞：《陌路》（臺北：　聯經出版公司，　1986）頁
　　　　96。

【50】　蕭颯：《愛情的季節》（臺北：　九歌出版社，　1985）
　　　　頁73-75。

【51】　參上，頁231。

【52】　參【50】，頁232。

【53】　參【12】，頁177。

【54】　參【12】，頁190。

【55】　參【12】，頁181。

【56】　參【15】，頁93。

【57】　參【15】，頁94。

【58】　參【43】，頁3-96。

【59】　廖輝英：《藍色第五季》（臺北：　九歌出版社，
　　　　1988）頁49- 290。

【60】　龍應臺：〈評《小鎮醫生的愛情》〉，《新書月刊》
　　　　18期（1985年3月），頁24。

【61】　參【1】，頁275。

【62】　a. 樊之谷：〈登梯不懈的人——施叔青印象記〉，
　　　　　　《中報月刊》68期（1985年9月），頁74。

　　　　b. 陳中玉：〈施叔青談創作〉，《華人月刊》47期
　　　　　　（1985年6月），頁61。

【63】　施叔青在接受陳中玉訪問時曾作出這樣的回答：“是的，全是從女性角度寫的。畢竟我在感情上與同性較接近，容易引起代入感。至於筆下的男性，主要都是朋友的遭遇。此外，我曾跟臺灣新女性運動份子呂秀蓮交往過，那時發表了《牛鈴聲響》，寫一個女孩子置身於中西文化邊緣的矛盾，也是從女性角度寫的。”參【62】b。

【64】　李美枝：《性別角色面面觀——男人與女人的權利暗盤》（臺北：聯經出版公司，1987）頁120-123。

【65】　施叔青：〈困〉，參【15】，頁65。

【66】　施叔青：〈困〉，參【15】，頁80。

【67】　施叔青：〈困〉，參【15】，頁60。

【68】　同上。

【69】　施叔青：〈困〉，參【15】，頁71。

【70】　蕭颯：〈死了一個國中女生之後〉，《死了一個國中女生之後》（臺北：洪範書店，1985）頁127。

【71】　參【59】，頁282。

【72】　參【59】，頁48。

【73】　參【71】，頁122。

【74】　參【71】，頁188。

【75】　同上。

【76】　蕭颯：〈葉落〉，參【8】，頁75。

【77】　蕭颯：〈葉落〉，參【8】，頁78。

【78】　同上。

【79】　參【32】，頁178。

【80】　參【32】，頁179。

【81】　同上。

【82】　蕭颯：〈葉落〉，參【8】，頁78。

【83】　同上。

【84】　蘇偉貞：〈懷謹一日〉，《紅顏已老》（增訂版）
　　　　（臺北：聯合報社，1981）頁124。

【85】　伊·巴丹特爾著，陳伏保等譯：《男女論》（ L'un
　　　　est L' Autre ）（長沙：湖南文藝出版社，1988）頁
　　　　105。

【86】　Denis de Rougemont, *Love in the Western World*, Trans.
　　　　Montgomery Belgion （Princeton： Princeton UP, 1983）
　　　　244-245.

【87】　張愛玲：〈傾城之戀〉，《張愛玲短篇小說集》（臺
　　　　北：皇冠出版社，1977）203-251。

【88】　袁瓊瓊：〈燒〉，參【33】，頁27。

【89】　袁瓊瓊：〈燒〉，參【33】，頁80。

【90】　袁瓊瓊：〈燒〉，參【33】，頁81。

【91】　袁瓊瓊：〈燒〉，參【33】，頁82。

【92】　同上。

【93】　同上。

【94】　袁瓊瓊：〈燒〉，參【33】，頁83。

【95】　袁瓊瓊：〈燒〉，參【33】，頁80。

【96】　袁瓊瓊：〈燒〉，參【33】，頁77。

【97】　參【6】，頁122。

【98】　袁瓊瓊：〈燒〉，參【33】，頁85。

【99】　袁瓊瓊：〈燒〉，參【33】，頁86。

【100】袁瓊瓊：〈燒〉，參【33】，頁90。

【101】袁瓊瓊：〈燒〉，參【33】，頁78。

【102】袁瓊瓊：〈燒〉，參【33】，頁86。

【103】袁瓊瓊：〈燒〉，參【33】，頁89-90。

【104】參【6】，頁21-22。

【105】同【35】。

【106】參【35】，頁112。

【107】參【35】，頁111。

【108】同上。

【109】參【35】，頁111-112。

【110】參【35】，頁112。

【111】參【35】，頁129。

【112】參【35】，頁128。

第四章　注釋

【1】　哈里‧卡特納著，方智弘譯：《性崇拜》（*The Worship of Sex*）（臺北：國際文化公司，1985）頁95。

【2】　劉再復：《性格組合論》（上海：上海文藝出版社，1986）頁444。

【3】　參上，頁465。

【4】　國分康孝著，劉啓譯：《女性心理學》（哈爾濱：黑龍江人民出版社，1987）頁180。

【5】　李美枝：《性別角色面面觀——男人與女人的權利暗盤》（臺北：聯經出版公司，1987）頁16。

【6】　古添洪：〈讀李昂的〈殺夫〉——譎詭、對等、與婦女問題〉，《中外文學》14卷10期（1986年3月），頁45。

【7】　李昂：〈殺夫〉，《殺夫》（臺北：聯合報社，1983）頁83。

【8】　參上，頁84。

【9】　同上。

【10】　參【7】，頁110。

【11】　參【7】，頁187。

【12】　參【7】，頁200。

【13】　參【7】，頁79。

【14】 同上。

【15】 施叔青：〈回首・驀然〉，《完美的丈夫》（臺北：
　　　 洪範書店，1985）頁94。

【16】 同上。

【17】 參【15】，頁92。

【18】 參【15】，頁95。

【19】 廖輝英：〈旅人〉，《焚燒的蝶》（臺北：時報文化
　　　 出版公司，1988）頁198。

【20】 同上。

【21】 參【19】，頁170。

【22】 施叔青：〈晚晴〉，《韭菜命的人》（臺北：洪範書
　　　 店，1988）頁26-27。

【23】 參上，頁38。

【24】 禹燕：《女性人類學──雅典娜一號》（北京：東方
　　　 出版社，1988）頁104。

【25】 參【15】，頁95。

【26】 Ann Bar Snitow, "The Front Line: Notes on Sex in Novels
　　　 by Women, 1969-1979", *Women: Sex and Sexuality*, eds.
　　　 Catharine R. Stimpson, and Ethel Spector Person (Chicago:
　　　 U of Chicago P, 1980) 163.

【27】 參【19】，頁231。

【28】　張愛玲：〈沈香屑——第二爐香〉，《張愛玲短篇小說集》（臺北：皇冠出版社，1977）340-382。

【29】　佛洛伊德著，林克明譯：《性學三論，愛情心理學》（*Three Essays on Sexuality: Contributions to the Psychology of Love*）（臺北：志文出版社，1971）頁202。

【30】　參【7】，頁81。

【31】　參【7】，頁94。

【32】　參【7】，頁127-128。

【33】　　a. Laura Hutton, *The Single Woman and the Emotional Problems*（London: Bailliere,Tindall and Cox, 1937）66.

　　　　b. Clara Thompson, "Some Effects of the Derogatory Attitude towards Female Sexuality", *Psychoanalysis and Women: Contributions to New Theory and Therapy*, ed. Jean Baker Miller（New York: Brunner /Mazel, 1973）69-70.

　　　　c. Juanita H. Williams, *Psychology of Women: Behavior in a Biosocial Context*（Toronto: George J. Mcleod, 1977）199-220.

　　　　d. 參【24】，頁50、104。

e. 靄理士著，潘光旦譯：《性心理學》（重慶：商務印書館，1946）頁256。

f. Janet Sayers, *Sexual Contradiction: Psychology, Psychoanalysis, and Feminism*（London: Tavistock, 1986）128.

【34】　羅素著，婁蘭君譯：《婚姻與道德》（臺北：業強出版社，1987）頁186。

【35】　施叔青：〈常滿姨的一日〉，《愫細怨》（臺北：洪範書店，1984）頁3。

【36】　同上。

【37】　同上。

【38】　參【35】，頁4。

【39】　參【35】，頁20。

【40】　同【35】。

【41】　參【35】，頁20。

【42】　參【35】，頁26-27。

【43】　參【35】，頁31。

【44】　參【35】，頁32。

【45】　同上。

【46】　同上。

【47】　參【7】，頁111。

【48】　參【7】，頁172。

【49】　參【7】，頁173。

【50】　參【7】，頁120。

【51】　參【7】，頁111。

【52】　參【7】，頁173。

【53】　參【7】，頁166。

【54】　參【34】，頁184。

【55】　參【33】e，頁258。

【56】　同上。

【57】　白先勇：〈患了分裂症的世界 —— 談施叔青的小說〉，附錄於施叔青：《倒放的天梯》（香港：博益出版公司，1983）頁2。

【58】　施叔青：〈壁虎〉，《倒放的天梯》（香港：博益出版公司，1983）頁4。

【59】　同上。

【60】　參【58】，頁6。

【61】　同上。

【62】　同上。

【63】　愛麗絲・史瓦茲（Alice Schwarzer）著，顧燕翎等譯：《拒絕做第二性的女人——西蒙・波娃訪問錄》（*After the Second Sex: Conversations with Simone de Beauvoir*）（臺北：婦女新知雜誌社，1986）頁83。

【64】　蕭颯：〈戰敗者〉，《日光夜景》（臺北： 聯經出版
　　　　公司，1977 頁170。

【65】　參上，頁176。

【66】　參【64】，頁179。

【67】　參【64】，頁184。

【68】　李昂：《暗夜》（香港： 博益出版公司， 1985）頁
　　　　45。

【69】　參上，頁46。

【70】　參【68】，頁47。

【71】　西蒙・（特）波娃著，歐陽子等譯：〈正當的主張與
　　　　邁向解放〉，《第二性──女人》（臺北： 晨鐘出版
　　　　社，1984）頁89。

【72】　Ethel Spector Person, "Sexuality as the Mainstay of
　　　　Identity： Psychoanalytic Perspectives", see【26】,58.

【73】　奚密： 〈黑暗之形： 談暗夜中的象徵〉， 《中外文
　　　　學》15卷 9期（1987年2月）， 頁134。

【74】　參【68】，頁88。

【75】　參【68】，頁86-88。

【76】　參【73】，頁135。

【77】　廖輝英：《不歸路》（臺北： 聯合報社， 1983）頁
　　　　22。

【78】　參上，頁118。

【79】　參【7】，頁170。

【80】　同【63】。

【81】　參【7】，頁169。

【82】　參【7】，頁172。

【83】　參【7】，頁187。

【84】　參【7】，頁198。

【85】　張系國：〈小論〈殺夫〉〉，《新書月刊》12期
　　　　（1984年9月），頁30。

【86】　蕭颯：〈失節事件〉，《死了一個國中女生之後》
　　　　（臺北：洪範書店，1985）頁191。

【87】　參上，頁192。

【88】　袁瓊瓊：〈家劫〉，《滄桑》（臺北：洪範書店，
　　　　1985）頁137-164。

【89】　Elizabeth Janeway, "Who is Sylvia? On the Loss of
　　　　Sexual Paradigms", see【26】, 5-17.

【90】　蕭颯：《愛情的季節》（臺北：九歌出版社，1985）
　　　　頁93-94。

【91】　參上，頁94。

【92】　Edward M. Forster, *A Passage to India* (London: Edward
　　　　Arnold, 1978) 116-237.

【93】　李昂：〈花季〉，《花季》（臺北：洪範書店，
　　　　1985）頁4。

【94】　參上，頁5。

【95】　參【93】，頁7。

【96】　袁瓊瓊：〈夢〉，《兩個人的事》（臺北：洪範書
　　　　店，1984）頁33。

【97】　參上，頁34。

【98】　Sigmund Freud, *The Standard Edition of the Complete
　　　　Psychological Works of Sigmund Freud: The Ego and the
　　　　Id and Other Works*, Trans. James Strachey. Vol. 19
　　　　（London: Hogarth Press, 1961）13-66.

【99】　參【4】，頁182。

【100】　a. 參【72】，頁50-51。
　　　　 b. 羅洛・梅著，馮川譯：《愛與意志》（河北：國際
　　　　　　文化出版公司，1987）頁51。

【101】　施叔青：〈一夜遊〉，《一夜遊——香港的故事》
　　　　（香港：三聯書店，1985）頁120。

【102】　Betty Friedan, *The Feminine Mystique*（Harmondsworth:
　　　　Penguin, 1965）226-244.

【103】　李昂：〈莫春〉，《她們的眼淚》（臺北：洪範書
　　　　店，1984）頁28。

【104】　參上，頁45。

【105】　參【103】，頁49。

【106】　參【103】，頁30。

【107】 廖咸浩：〈"雙性同體"之夢：《紅樓夢》與《荒野之狼》中"雙性同體"象徵的運用〉，《中外文學》15卷4期（1986年9月），頁120-129。

【108】 參【103】，頁49。

【109】 施叔青：〈愫細怨〉，參【101】，頁15。

【110】 李昂：〈西蓮〉，《人間世》（臺北：大漢出版社，1977）頁151。

【111】 參【7】，頁111。

【112】 D.P. Verene, "Introductions", *Sexual Love and Western Morality: A Philosophical Anthology*, ed. D.P. Verene（New York: Harper Torchbooks, 1972）12-13.

【113】 參【4】，頁182。

【114】 參【68】，頁7。

【115】 參【103】，頁29。

【116】 參【103】，頁48。

【117】 參【103】，頁52。

【118】 參【103】，頁39。

【119】 李昂：〈雪霽〉，參【110】，頁118。

【120】 李昂：〈轉折〉，《愛情試驗》（臺北：洪範書店，1986）頁114。

【121】 參上，頁112。

【122】　蘇偉貞：〈陪他一段〉，《陪他一段》（臺北：洪
　　　　　範書店，1985）頁9。

【123】　參上，頁18。

第五章　注釋

【1】　靄理士著，潘光旦譯：《性心理學》（重慶：商務
　　　　印書館，1946）頁277。

【2】　a. Marcia Lasswell, and Thomas Lasswell, *Marriage and
　　　　the Family*. 2nd ed.（Belmont: Wadsworth, 1987）413.

　　　　b. Rudolf Dreikurs, *The Challenge of Marriage*（New
　　　　York: Hawthorn, 1946）127 and 131.

　　　　c. F. Philip Rice, *Contemporary Marriage*（Boston: Allyn
　　　　and Bacon, 1983）377.

　　　　d. Karen Horney, *Feminine Psychology*（New York: W.
　　　　W. Norton, 1967）130-131.

【3】　蘇偉貞：〈兩世一生〉，《世間女子》（臺北：聯合
　　　　報社，1983）頁126。

【4】　蘇偉貞：《紅顏已老》（臺北：聯合報社，1981）頁
　　　　27。

【5】　參上，頁26。

【6】　同上。

【7】　廖輝英：〈今夜微雨〉，《今夜微雨》（臺北：聯經
　　　　出版公司，1986）頁70。

【8】　參上，頁69。

【9】　施叔青：〈愫細怨〉，《一夜遊——香港的故事》
　　　　（香港：三聯書店，1985）頁16。

【10】　蕭颯：〈唯良的愛〉，《唯良的愛》（臺北：九歌
　　　　出版社，1986）頁89。

【11】　William H. Masters, Virginia E. Johnson, and Robert
　　　　J.Levin, *The Pleasure Bond: A New Look at Sexuality and
　　　　Commitment.* 1st ed.（Toronto: Brown, 1975）125- 126.

【12】　李昂：〈外遇連環套〉，《一封未寄的情書》（臺
　　　　北：洪範書店，1986）頁211。

【13】　袁瓊瓊：〈荼蘼花的下午〉，《自己的天空》（臺
　　　　北：洪範書店，1985）頁40。

【14】　廖輝英：〈旅人〉，《焚燒的蝶》（臺北：時報文化
　　　　出版公司，1988）頁167-231。

【15】　參【12】，頁186。

【16】　李昂：《外遇》（臺北：時報文化出版公司，1985）
　　　　頁9。

【17】　參【4】，頁3-78。

【18】　蘇偉貞：〈不老紅塵〉，《陪他一段》（臺北：洪
　　　　範書店，1985）頁75-99。

【19】　廖輝英：《不歸路》（臺北：聯合報社，1983）頁1-
　　　　135。

【20】　廖輝英：《盲點》（臺北：九歌出版社，1986）頁9-
　　　　404。

【21】　廖輝英：《窗口的女人》（臺北：皇冠雜誌社，
　　　　1988）頁15-269。

【22】　施叔青：〈後街〉，《完美的丈夫》（臺北：洪範書
　　　　店，1985）頁129-165。

【23】　參【9】，頁3-26。

【24】　參【10】，頁7-91。

【25】　蕭颯：〈失節事件〉，《死了一個國中女生之後》
　　　　（臺北：洪範書店，1985）頁145-212。

【26】　袁瓊瓊：〈自己的天空〉，參【13】，頁133-151。

【27】　參【19】，頁6-7。

【28】　參【19】，頁32。

【29】　黃晴：〈從〈油蔴菜籽〉到《不歸路》〉，附錄於廖
　　　　輝英：《不歸路》，參【19】，頁156。

【30】　參【21】，頁80。

【31】　參【21】，頁50。

【32】　參【21】，頁48。

【33】　參【13】，頁39。

【34】　參【9】，頁12。

【35】　參【9】，頁14-15。

【36】　明月：〈外來客眼中的香港人——評施叔青的九篇香
　　　　港的故事〉，《讀者良友》5卷5期（1986年11月），
　　　　頁74。

【37】　參【22】，頁165。

【38】　參【4】，頁6。

【39】　參【4】，頁23。

【40】　參【4】，頁19。

【41】　浜田正秀著，陳秋峰等譯：《文藝學概論》（北京：中國戲劇出版社，1985）頁68。

【42】　參【4】，頁5。

【43】　參【4】，頁24。

【44】　參【18】，頁90。

【45】　參【18】，頁91。

【46】　參【18】，頁88。

【47】　蘇偉貞：〈光線〉，《紅顏已老》（增訂版）（臺北：聯合報社，1981）頁99。

【48】　參上，頁105。

【49】　參【22】，頁158。

【50】　參【22】，頁161。

【51】　參【19】，頁1。

【52】　大方：〈漫漫長路〉，附錄於廖輝英：《不歸路》，參【19】，頁143。

【53】　參【19】，頁135。

【54】　袁瓊瓊：〈自己的天空〉，參【13】，頁147。

【55】　同上。

【56】　參【19】，頁28。

【57】　參【19】，頁29。

【58】　廖輝英在《不歸路》中，曾以雞肋爲喻，說明女主角
　　　　內心的矛盾，參【19】，頁32。

【59】　參【19】，頁47。

【60】　參【22】，頁164。

【61】　參【13】，頁39。

【62】　同【2】c。

【63】　參【10】，頁70。

【64】　參【10】，頁73。

【65】　參【21】，頁252。

【66】　蕭颯：《小鎮醫生的愛情》（臺北：爾雅出版社，
　　　　1985）頁402。

【67】　參上，頁405。

【68】　同上。

【69】　蕭颯：〈明天，又是個星期天〉，《日光夜景》（臺
　　　　北：聯經出版公司，1977）頁15。

【70】　參上，頁29。

【71】　參【9】，頁4。

【72】　參【9】，頁5。

【73】　蕭颯：〈給前夫的一封信〉，參【10】，頁118-
　　　　119。

【74】　吳達芸：〈造端乎夫婦的省思——談蕭颯小說中的婚姻主題〉，《文星》110期（1987年8月），頁106-107。

【75】　蕭颯甚至在前言中表示過："當時便曾自勉，一定要再寫下另一篇，現代女性如何勇敢面對婚變的文章，以作為向所有離婚後自立、自足、自愛、自重，不再以小愛斤斤為計，而轉化成大愛，關心社會的真正現代女性致敬。"見蕭颯：〈給前夫的一封信〉，參【10】，頁95。

【76】　蕭颯：〈給前夫的一封信〉，參【10】，頁100。

【77】　蕭颯：〈給前夫的一封信〉，參【10】，頁101。

【78】　同上。

【79】　蕭颯：〈給前夫的一封信〉，參【10】，頁113。

【80】　蕭颯：〈給前夫的一封信〉，參【10】，頁95。

【81】　蕭颯：〈給前夫的一封信〉，參【10】，頁100。

【82】　同【2】c。

【83】　蕭颯：〈死了一個國中女生之後〉，參【25】，頁127。

【84】　施叔青：〈"完美"的丈夫〉，參【22】，頁205-6。

【85】　施叔青：〈"完美"的丈夫〉，參【22】，頁207。

【86】　袁瓊瓊：〈又涼又暖的季節〉，《又涼又暖的季節》
　　　　（臺北：林白出版社， 1986）頁52。

【87】　廖輝英：〈昔人舊事〉，參【7】，頁129。

【88】　同上。

【89】　廖輝英：〈昔人舊事〉，參【7】，頁128。

【90】　蘇偉貞：《陌路》（臺北：聯經出版公司， 1986）頁
　　　　194。

【91】　賴德勒、賈克生曾以這樣的例子說明："某些'身心
　　　　症逃兵'的夫妻形成了一種特異的生活方式。例如，
　　　　太太允許丈夫金屋藏嬌，然而爲了要得到這種暫時
　　　　的，來之不易的和平，他允許他的太太濫花金錢於衣
　　　　著、享受和精神分析之上。當然，他們對這樣一個破
　　　　壞性的協議的表面接受並不意謂他們樂於如此。不但
　　　　太太深受病痛之苦，先生也寧可要一個摯愛、健康的
　　　　太太而不要情婦。不幸的是，身心症的逃兵發現，承
　　　　受其痛苦比公然爭執容易多了。"見賴德勒、賈克生
　　　　著，林克明譯：《婚姻生活的藝術——婚姻的幻象》
　　　　（臺北：志文出版社， 1979）頁103。

【92】　袁瓊瓊：〈自己的天空〉，參【13】，頁135。

【93】　袁瓊瓊：〈自己的天空〉，參【13】，頁137。

【94】　同上。

【95】　袁瓊瓊：〈自己的天空〉，參【13】，頁136。

【96】　袁瓊瓊：〈自己的天空〉，參【13】，頁139。

【97】　袁瓊瓊：〈自己的天空〉，參【13】，頁151。

【98】　　a. Paul Robinson, *The Modernization of Sex*（New York: Harper and Row, 1976）79.

　　　　b. 瑪琳・格林著，張乙宸譯：《婚姻關係》（臺北：遠流出版公司，1986）頁117及180。

　　　　c. 納撒尼爾・布拉登著，陳建萍譯：《浪漫愛情的心理奧秘》（杭州：浙江人民出版社，1988）頁154。

【99】　參【16】，頁45。

【100】　參【4】，頁73。

【101】　同上。

【102】　蕭颯：〈幼儀姑姑〉，參【69】，頁161。

第六章　注釋

【1】　瑪麗拉曼納、艾格尼雷德門著，李紹嶸等譯：《婚姻與家庭》（臺北：巨流圖書公司，出版日期缺）頁16。

【2】　Erik H. Erikson, *Identity: Youth and Crisis* (London: Faber and Faber, 1968) 91-141.

【3】　國分康孝著，劉啓譯：《女性心理學》（哈爾濱：黑龍江人民出版社，1987）頁21。

【4】　李昂：〈花季〉，《花季》（臺北：洪範書店，1985）頁2。

【5】　參上，頁4。

【6】　袁瓊瓊：〈幻想〉，《春水船》（臺北：洪範書店，1985）頁55-65。

【7】　Ronald D. Laing, *The Divided Self: A Study of Sanity and Madness* (London: Tavistock, 1960) 116.

【8】　薩特著，陳宣良等譯：《存在與虛無》（ *L'Étre et le Néant* ）（北京：三聯書店，1987）頁336-397。

【9】　Betty Friedan, *The Feminine Mystique* (Harmondsworth: Penguin, 1965) 280-281.

【10】　西蒙・（特）波娃著，歐陽子等譯：〈正當的主張與邁向解放〉，《第二性——女人》（臺北：晨鐘出版社，1984）頁37。

【11】 蘇偉貞：〈陪他一段〉，《陪他一段》（臺北：洪範書店，1985）頁8。

【12】 參上，頁4。

【13】 參【11】，頁18。

【14】 廖輝英：〈今夜微雨〉，《今夜微雨》（臺北：聯經出版公司，1986）頁12。

【15】 參上，頁13。

【16】 施叔青：〈最好她是尊觀音〉，《韭菜命的人》（臺北：洪範書店，1988）頁58。

【17】 參上，頁55。

【18】 參【16】，頁59。

【19】 參【16】，頁62。

【20】 蘇偉貞：《陌路》（臺北：聯經出版公司，1986）頁223。

【21】 Mary Briody Mahowald ed., *Philosophy of Woman: An Anthology of Classic and Current Concepts*. 2nd ed. (Indianapolis: Hackett, 1983) 292, 297-298.

【22】 叔本華著，陳曉南譯：《叔本華論文集》（天津：百花文藝出版社，1987）頁122。

【23】 Del Martin, "Wife Beating: A Product of Sociosexual Development", *Women's Sexual Experience: Explorations of the Dark Continent.* ed. Martha Kirkpatrick（New York: Plenum, 1982）250.

【24】　赫伯・高博格著，楊月蓀譯：《兩性關係的新觀念》（臺北：書評書目出版社，1986）頁83。

【25】　Annis Pratt, et al. *Archetypal Patterns in Women's Fiction*（Brighton: Harvester Press, 1982）42.

【26】　廖輝英：〈女性的妾侍心理〉，《心靈曠野》（臺北：九歌出版社，1986）頁51。

【27】　李昂：《暗夜》（香港：博益出版公司，1985）頁24。

【28】　奚密：〈黑暗之形：談暗夜中的象徵〉，《中外文學》15卷9期（1987年2月），頁142。

【29】　施叔青：〈牛鈴聲響〉，《夾縫之間》（香港：香江出版公司，1986）頁19。

【30】　參上，頁36。

【31】　同上。

【32】　參【29】，頁44。

【33】　西蒙・（特）波娃：〈處境〉，參【10】，頁45。

【34】　李昂：〈昨夜〉，《愛情試驗》（臺北：洪範書店，1986）頁47-61。

【35】　Barbara Christian, " Shadows Uplifted ", *Feminist Criticism and Social Change: Sex, Class and Race in*

　　　　Literature and Culture. eds. Judith Newton, and Deborah
　　　　Rosenfelt（New York: Methuen, 1985）187.

【36】　袁瓊瓊：〈異事〉，《滄桑》（臺北： 洪範書店，
　　　　1985）頁214。

【37】　參上，頁217。

【38】　同上。

【39】　同上。

【40】　參【36】，頁218。

【41】　廖輝英：《絕唱》（臺北： 皇冠雜誌社， 1986）頁
　　　　89。

【42】　同上。

【43】　Mary Wollstonecraft, " A Vindication of the Rights of
　　　　Women", see【21】, 219.

【44】　施叔青：〈 "完美" 的丈夫〉，《完美的丈夫》（臺
　　　　北： 洪範書店， 1985）頁188。

【45】　參上，頁185。

【46】　參【44】，頁184。

【47】　蘇偉貞：〈高處〉，參【11】，頁26。

【48】　Mary Ann Ferguson, *Images of Women in Literature*. 3rd
　　　　ed.（Boston: Houghton Mifflin, 1981）22.

【49】　蘇偉貞：〈高處〉，參【11】，頁27。

【50】　參【9】，頁13。

【51】　蘇偉貞：〈懷謹一日〉，《紅顏已老》（增訂版）
　　　　（臺北：聯合報社，1981）頁118。

【52】　參上，頁119。

【53】　參【29】，頁36、44。

【54】　蕭颯：〈給前夫的一封信〉，《唯良的愛》（臺北：
　　　　九歌出版社，1986）頁110。

【55】　參上，頁112。

【56】　蕭颯：《返鄉劄記》（臺北：洪範書店，1987）頁
　　　　232。

【57】　同上。

【58】　袁瓊瓊：〈自己的天空〉，《自己的天空》（臺北：
　　　　洪範書店，1985）頁133-151。

【59】　參【44】，頁203。

【60】　蕭颯：《愛情的季節》（臺北：九歌出版社，1985）
　　　　頁54。

【61】　蘇偉貞：《有緣千里》（臺北：洪範書店，1984）頁
　　　　96。

【62】　參上，頁92。

【63】　蕭颯：《如夢令》（臺北：九歌出版社，1985）頁99。

【64】　呂昱：〈自我追尋的代價 —— 試論蕭颯的《如夢
　　　　令》〉，《在分裂的年代裏》（臺北：蘭亭書店，
　　　　1984）頁196。

【65】　（華盛頓）‧歐文著，徐應昶譯：《呂柏大夢》（上海：商務印書館，1930）頁1-54。

【66】　蘇偉貞：〈大夢〉，《離家出走》（臺北：洪範書店，1987）頁210-212。

【67】　參【7】，頁117。

【68】　蘇偉貞：〈離家出走〉，參【66】，頁12。

【69】　同上。

【70】　同上。

【71】　蘇偉貞：〈離家出走〉，參【66】，頁13。

【72】　蘇偉貞：〈離家出走〉，參【66】，頁10。

【73】　蘇偉貞：〈離家出走〉，參【66】，頁17。

【74】　蘇偉貞：〈離家出走〉，參【66】，頁4。

【75】　蘇偉貞：〈離家出走〉，參【66】，頁10。

【76】　楊錦郁：〈用小說來反應人生的痛苦 —— 蘇偉貞（原文為“眞”，應為“貞”之誤）談小說經驗〉，《文訊》36期（1988年6月），頁90-91。

【77】　施叔青：〈晚晴〉，參【16】，頁38。

【78】　施叔青：〈晚晴〉，參【16】，頁21。

【79】　施叔青：〈晚晴〉，參【16】，頁37。

【80】　參【44】，頁195-196。

【81】　參【44】，頁196。

【82】　參【58】，頁137。

【83】　同上。

【84】　同上。

【85】　蕭颯：〈唯良的愛〉，參【54】，頁50。

【86】　蕭颯：〈唯良的愛〉，參【54】，頁70。

【87】　施叔青：〈回首，驀然〉，參【44】，頁95-96。

【88】　施叔青：〈回首，驀然〉，參【44】，頁96。

【89】　施叔青：〈回首，驀然〉，參【44】，頁92。

【90】　施叔青：〈回首，驀然〉，參【44】，頁95。

【91】　李昂：〈殺夫〉，《殺夫》（臺北：聯合報社，1983年）頁95。

【92】　同上。

【93】　參【91】，頁172。

【94】　同上。

【95】　參【91】，頁173。

【96】　參【91】，頁192。

【97】　同上。

【98】　同上。

【99】　參【20】，頁3。

【100】參【20】，頁4。

【101】同上。

【102】參【20】，頁20。

【103】參【20】，頁220。

【104】 廖輝英：《藍色第五季》（臺北： 九歌出版社，
　　　　1988）頁141-142。

【105】 參上，頁165。

【106】 廖輝英：〈焚燒的蝶〉，《焚燒的蝶》（臺北：時
　　　　報文化出版公司，1988）頁28。

【107】 參上，頁60。

【108】 吳達芸：〈造端乎夫婦的省思——談蕭颯小說中的婚
　　　　姻主題〉，《文星》110期（1987年8月），頁105。

【109】 袁瓊瓊：〈瘋〉，參【6】，頁91。

【110】 袁瓊瓊：〈瘋〉，參【6】，頁90。

【111】 Sandra M. Gilbert, and Susan Gubar, *The Madwoman in
　　　　the Attic: The Woman Writer and the Nineteenth-Century
　　　　Literary Imagination* (New Haven: Yale UP, 1979) 53-54.

【112】 珍・貝克・米勒著，江慧君譯：《新女性心理學》
　　　　(*Toward a New Psychology of Women*)（臺北： 駿馬文
　　　　化社，1988）頁19。

【113】 袁瓊瓊：〈瘋〉，參【6】，頁92。

【114】 袁瓊瓊：〈瘋〉，參【6】，頁91-92。

【115】 Shoshana Felman, "Woman and Madness," *Diacritics* 5
　　　　(1975): 2-3.

第七章　注釋

【1】　　袁瓊瓊的詩作曾以朱陵爲筆名發表。

【2】　　李昂：〈爭甚麼？不爭甚麼？〉，《婦女雜誌》175期（1983 年4月），頁100。

【3】　　a. 簡瑛瑛曾這樣指出："和十九世紀前女性作家不署名或用無名氏的現象一樣，十九世紀女作家的男性筆名是一脈相承的。這個特殊的女性文學傳統正說明了女性被要求隱藏自我、不爲人知的社會壓力與性別歧視。"見簡瑛瑛：〈女性主義的文學表現〉，《聯合文學》4卷12期（1988 年10月），頁20。

　　　　b. 十九世紀的西方女作家如夏綠蒂・勃朗特（ Charotte Bronte ）、艾密莉・勃朗特（ Emily Bronte ）、艾略特 (George Eliot) 及喬治・桑（George Sand）等，均是以男性的筆名發表作品。

【4】　　施叔青：〈序：仍然跳動的心〉，《完美的丈夫》（臺北：洪範書店，1985）頁3。

【5】　　a. 劉登翰：〈在兩種文化的衝撞之中——論施叔青早、中期的小說〉，《文藝》18期（1986年6月），頁62。

　　　　b. 鄧友梅：〈我看施叔青〉，《華人世界》7期（1987年，月份缺），頁149。

c. 梅子：〈《一夜遊》——騷動不安的新產物〉，
《文藝雜誌》16期（1985年12月），頁61。

【5】　蘇偉貞：〈生涯〉，《離家出走》（臺北：洪範書店，1987）頁125-149。

【7】　蘇偉貞：〈離家出走〉，參上，頁1-25。

【8】　蘇偉貞：〈高處〉，《陪他一段》（臺北：洪範書店，1985）頁23-28。

【9】　蘇偉貞：〈大夢〉，參【5】，頁175-220。

【10】　袁瓊瓊：〈青春〉，《兩個人的事》（臺北：洪範書店，1984）頁91-113。

【11】　袁瓊瓊：〈家劫〉，《滄桑》（臺北：洪範書店，1985）頁137-164。

【12】　袁瓊瓊：〈慕德之夜〉，參上，頁227-258。

【13】　袁瓊瓊：〈媽媽〉，參【10】，頁115-126。

【14】　蕭颯：〈小葉〉，《死了一個國中女生之後》（臺北：洪範書店，1985）頁37-57。

【15】　蕭颯：〈尷尬〉，《二度蜜月》（臺北：聯經出版公司，1978）頁189-200。

【15】　李昂：〈婚禮〉，《花季》（臺北：洪範書店，1985）頁13-34。

【17】　李昂：〈轉折〉，《愛情試驗》（臺北：洪範書店，1986）頁93-119。

【18】　蘇偉貞：〈長年〉，參【8】，頁163-188。

【19】　蘇偉貞：〈天堂路遠〉，《人間有夢》（臺北：現代關係出版社，1984）頁229-245。

【20】　蘇偉貞：〈黑暗的顏色〉，《聯合文學》5卷3期（1988年1月），頁72-115。

【21】　蕭颯：〈老師！吃餅〉，參【15】，頁231-261。

【22】　蕭颯：〈有陽光的日子〉，《長堤》（臺北：臺灣商務印書館，1972）頁96-103。

【23】　蕭颯：《少年阿辛》（臺北：九歌出版社，1985）頁3-233。

【24】　李昂：〈長跑者〉，參【15】，頁111-142。

【25】　施叔青：〈凌遲的抑束〉，《約伯的末裔》（臺北：大林書店，1973）頁11-17。

【25】　孟子：〈萬章〉下，《孟子》（四部叢刊本），頁15a。

【27】　舒昊：〈作家的責任 —— 兼談李昂小說中的這一代〉，《文藝》71期（1975年5月），頁49。

【28】　羅會明：〈文藝創作者：非外科大夫〉，《文藝》71期（1975年5月），頁54。

【29】　朱炎：〈清者自清，濁者自濁〉，《文藝》71期（1975年5月），頁35。

【30】 埃倫‧莫斯就曾指出批評家最喜歡 "入侵" （invade）
　　　 女作家的私生活，見 Ellen Moers , *Literary Women*
　　　 （London：W. H. Allen, 1977）144-145。

【31】 Sandra M. Gilbert, and Susan Gubar, *The Madwoman in*
　　　 the Attic ： the Woman Writer and the Nineteenth -
　　　 Century Literary Imagination （New Haven ： Yale UP,
　　　 1979）50.

【32】 斯達爾夫人：〈論文學婦女〉，《論文學》（北京：
　　　 人民文學出版社，1986）頁276。

【33】 黃秋芳：〈給不知名的收信人──李昂的《一封未寄
　　　 的情書》〉，《自由青年》697期（1987年9月），頁
　　　 39。

【34】 李昂：〈《暗夜》到底寫了些甚麼？〉，《貓咪與情
　　　 人》（臺北：時報文化出版公司，1987）頁131。

【35】 余光中等：〈臺灣女作家〉，《文藝》8期（1983年
　　　 12月），頁20。

【35】 1987年12月，在香港大學比較文學系的一個會議中，
　　　 李昂曾說明這點。

【37】 施淑端：〈新納薾思解說〉，附錄於李昂：《暗夜》
　　　 （香港：博益出版公司，1985）頁164-165。

【38】 李昂：〈女作家對社會的巨視與微觀〉，《中國論
　　　 壇》16卷4期（1983年5月），頁54。

【39】　1987年12月，筆者曾於香港向李昂問明這點。

【40】　李昂：〈我的創作觀〉，《暗夜》（香港：博益出版
　　　　公司，1985）頁185。

【41】　參上，頁186。

【42】　劉達文，蔡寶山：〈李昂和她的"女性主義"小
　　　　說〉，《特區文學》23期（1986年9月），頁140。

【43】　廖輝英：〈女作家難為〉，《擦肩而過》（臺北：皇
　　　　冠出版社，1987）頁179-180。

【44】　參上，頁180。

【45】　同上。

【45】　參【30】，頁143。

【47】　同上。

【48】　廖輝英：〈嚴肅與通俗之間〉，《文訊》26期（1986
　　　　年10月），頁94。

【49】　袁瓊瓊：〈故事〉，《自己的天空》（臺北：洪範書
　　　　店，1985）頁45-52。

【50】　同【20】。

【51】　蕭颯：《長堤》，參【22】，頁1-190。

【52】　李昂：〈莫春〉，《她們的眼淚》（臺北：洪範書
　　　　店，1984）頁25-53。

【53】　蕭颯：〈迷愛〉，參【14】，頁137-143。

【54】　佛洛伊德著，林克明譯：〈處女之謎 ── 一種禁忌〉，《性學三論：愛情心理學》（ *Three Essays on Sexuality ： Contributions to the Psychology of Love* ）（臺北：志文出版社，1971 ）頁165-185。

【55】　參上，頁181。

【55】　袁瓊瓊：〈愛的邊緣地帶〉，參【11】，頁45-69。

【57】　蘇偉貞：〈大夢〉，參【5】，頁175-220。

【58】　袁瓊瓊：〈燒〉，參【11】，頁71-90。

【59】　Karen Horney, *Feminine Psychology*（New York：W.W. Norton, 1967）54-70.

【60】　袁瓊瓊：〈男女〉，參【10】，頁53-71。

【61】　蕭颯：〈黃滿眞〉，《日光夜景》（ 臺北：聯經出版公司，1977），頁93-111。

【62】　蘇偉貞：〈回首〉，《世間女子》（臺北：聯合報社，1983）頁153-172。

【63】　蕭颯：〈盛夏之末〉，參【61】，頁43-67。

【64】　施叔青：〈回首，驀然〉，參【4】，頁85-128。

【65】　施叔青：〈最好她是尊觀音〉，《韭菜命的人》（臺北：洪範書店，1988）頁47-62。

【65】　袁瓊瓊：〈媽媽〉，參【10】，頁115-126。

【67】　袁瓊瓊：〈迴〉，參【11】，頁187-204。

AI

靄理士著， 潘光旦譯：《性心理學》（*Psychology of Sex*）重慶： 商務印書館， 1946年4月1版。

愛·摩·福斯特（Edward M. Forster）著， 蘇炳文譯：《小說面面觀》（*Aspects of the Novel*）， 廣州：花城出版社， 1985年1月1版。

愛麗絲·史瓦茲（Alice Schwarzer）著， 顧燕翎等譯：《拒絕做第二性的女人——西蒙·波娃訪問錄》（*After the Second Sex：Conversations with Simone de Beauvoir*）， 臺北： 婦女新知雜誌社， 1986年8月1版。

BANG

浜田正秀著， 陳秋峰等譯：《文藝學概論》， 北京： 中國戲劇出版社， 1985年8月1版。

BEI

貝蒂·傅瑞丹（Betty Friedan）著， 施寄青譯：《女性主義第二章》（*The Second Stage*）， 臺北： 洪建全教育文化基金會， 1987年6月1版， 1987年7月2版。

CAI

蔡勇美， 江吉芳：《性的社會觀》， 臺北： 巨流圖書公司， 1987 年3月1版。

CHEN

陳幸蕙編：《七十四年文學批評選》，臺北：爾雅出版
　　社，1986 年4月1版。

──編：《七十五年文學批評選》，臺北：爾雅出版
　　社，1987年3月1版。

陳小紅編：《火，漂在水上》，臺北：久大文化公司，
　　1987年1 月1版。

CHU

廚川白村著，顏寧譯：《苦悶的象徵》，臺中：晨星出
　　版社，1987 年3月1版。

DU

杜芳琴：《女性觀念的衍變》，滎陽：河南人民出版
　　社，1988年 10月1版。

FO

佛洛伊德（Sigmund Freud）著，林克明譯：《性學三
　　論：愛情心理學》（*Three Essays on Sexuality：
　　Contributions to the Psychology of Love*），臺北：志
　　文出版社，1971年3 月1版，1971年10月2版。

FU

富士谷篤子著，張萍譯：《女性學入門》，北京：中國
　　婦女出版社，1986年12月1版。

GONG

龔鵬程：《我們都是稻草人》，臺北： 久大文化公司，
    1987年4 月1版。

GUO

國分康孝著，劉啓譯：《女性心理學》，哈爾濱： 黑龍
    江人民出版社， 1987年10月1版。

HE

賀安慰：《臺灣當代短篇小說中的女性描寫》，臺北：
    文史哲出版社， 1989年1月1版。

赫伯‧高博格（Herb Goldberg）著，楊月蓀譯：《兩性
    關 係 的 新 觀 念 》 （ *The New Male-Female
    Relationship*）， 臺北： 書評書目出版社， 1986年8
    月1版。

HUANG

黃武忠：《臺灣作家印象記》，臺北： 衆文圖書公司，
    1984年5 月1版。

黃碧雲：《揚眉女子》，香港： 博益出版公司， 1987年
    10月1版。

黃重添：《臺灣當代小說藝術採光》，廈門： 鷺江出版
    社， 1987 年11月1版。

JIAN

簡宗梧、周鳳五：《現代文學欣賞與創作》（下冊），臺
　　北：國立空中大學，1987年8月1版，1988年3月2
　　版。

JIN

今道友信著，徐培等譯：《關於愛》，北京：三聯書
　　店，1987年1月1版。

KA

卡納（Harry Cutner）著，方智弘譯：《性崇拜》（*The
　　Worship of Sex*），臺北：國際文化公司，1985年10
　　月1版。

LAI

賴德勒（William J. Lederer）、賈克生（Don D. Jackson）
　　著，林克明譯：《婚姻生活的藝術——婚姻的幻
　　象》（*The Mirages of Marriage*），臺北：志文出版
　　社，1979年8月2版。

LAN

藍采風：《婚姻關係與適應》，臺北：張老師月刊，
　　1982年1月1版。

LI

李昂：《人間世》，臺北：大漢出版社，1977年9月3
　　版。

———編：《六十七年短篇小說選》，臺北：書評書目出版社，1979年4月1版。

———：《愛情試驗》，臺北：洪範書店，1982年1月1版，1986年3月10版。

———：《殺夫》，臺北：聯合報社，1983年11月1版。

———：《她們的眼淚》，臺北：洪範書店，1984年1月1版。

———：《女性的意見》，臺北：時報文化出版公司，1984年5月1版。

———：《愛與罪》，臺北：洪範書店，1984年10月1版，1986年4月4版。

———：《花季》，臺北：洪範書店，1985年1月1版，1985年5月5版。

———：《外遇》，臺北：時報文化出版公司，1985年9月1版。

———：《暗夜》，香港：博益出版公司，1985年10月1版。

———：《一封未寄的情書》，臺北：洪範書店，1986年2月1版。

———：《走出暗夜——女性的意見》，臺北：前衛出版社，1986年4月1版。

———：《貓咪與情人》， 臺北： 時報文化出版公司，
1987年6月1版。

———：《年華》，臺北： 時報文化出版公司， 1988年
11月1版。

李美枝：《女性心理學》，臺北： 大洋出版社， 1984年4
月1版。

——— ：《性別角色面面觀 ——男人與女人的權利暗
盤》，臺北：聯經出版公司， 1987年5月1版。

李小江：《夏娃的探索——婦女研究論稿》， 駐馬店市：
河南人民出版社， 1988年1月1版。

LIAO

廖輝英：《不歸路》， 臺北： 聯合報社， 1983年12月1
版。

———：《油蔴菜籽》，臺北： 皇冠出版社， 1983年12
月1版，1985年4月（版次缺）。

———：《談情》， 臺北： 皇冠出版社， 1985年12月1
版。

———：《說愛》， 臺北： 皇冠雜誌社， 1985年12月1
版。

———：《盲點》， 臺北： 九歌出版社， 1986年1月1
版， 1986年3月6版。

———：《自己的舞臺》，　臺北：　九歌出版社，　1986年2月1版，1986年3月2版。

———：《今夜微雨》，　臺北：　聯經出版公司，　1986年3月1版。

———：《絕唱》，　臺北：　皇冠雜誌社，　1986年7月1版。

———：《心靈曠野》，　臺北：　九歌出版社，　1986年10月1版，1986年11月3版。

———：《擦肩而過》，　臺北：　皇冠出版社，　1987年1月1版。

———：《落塵》，　臺北：　九歌出版社，　1987年2月1版，　1987年3月4版。

———：《油蔴菜籽》，　北京：　中國文聯出版公司，1987年9月1版。

———：《咫尺到天涯》，　臺北：　九歌出版社，　1988年1月1版，1988年2月3版。

———：《藍色第五季》，　臺北：　九歌出版社，　1988年2月1版。

———：《焚燒的蝶》，　臺北：　時報文化出版公司，1988年2月1版。

———：《窗口的女人》，　臺北：　皇冠雜誌社，　1988年9月1版。

———：《淡品人生》，臺北： 九歌出版社， 1988年9月
　　1版。

LIN

林雙不：《小說運動場》，臺北： 蘭亭書店， 1983年10
　　月1版。

LIU

劉紹銘：《隨筆與雜文》，臺北： 正中書局， 1984年2月
　　1版。

劉再復：《性格組合論》，上海： 上海文藝出版社，
　　1986年7月1版。

劉達文：《中國文學新潮（1976-1987）》，香港：當代
　　文藝出版社， 1988年4月1版。

六臣註：《文選》（四部叢刊本）卷19。

LONG

龍應臺：《龍應臺評小說》，臺北： 爾雅出版社， 1985
　　年6月1版。

LU

呂秀蓮：《兩性之間》，高雄： 敦理出版社， 1985年8月
　　1版。

———：《這三個女人》，臺北： 自立晚報社， 1985年9
　　月2版。

———：《情》，高雄：敦理出版社，1986年2月1版，
　　1986年2月2版。

———：《新女性主義》，高雄：敦理出版社，出版日
　　期、版次缺。

呂昱：《在分裂的年代裏》，臺北：蘭亭書店，1984年
　　10月1版。

呂正惠：《小說與社會》，臺北：聯經出版公司，1988
　　年5月1版。

LUO

羅素（Bertrand Russell）著，婁蘭君譯：《婚姻與道
　　德》，臺北：業強出版社，1987年3月1版。

羅洛‧梅（Rollo May）著，馮川譯：《愛與意志》
　　（*Love and Will*），河北：國際文化出版公司，
　　1987年8月1版。

MA

瑪麗拉曼納（Mary Ann Lamanna）、艾格尼雷德門
　　（Agnes Riedman）著，李紹嶸等譯：《婚姻與家
　　庭》（*Marriages and Families*），臺北：巨流圖書
　　公司，出版日期、版次缺。

瑪琳‧格林（Maureen Green）著，張乙宸譯：《婚姻關
　　係》（Marriage），臺北：遠流出版公司，1986年1
　　月1版，1986年4月3版。

馬庫色（Hebert Marcuse）著，陳昭瑛譯：《美學的面向
　　——藝術與革命》，香港：青文書屋，出版日期、
　　版次缺。

MENG

孟子：《孟子》（四部叢刊本）卷10。

MO

莫達爾（Albert Mordell）著，鄭秋水譯：《心理分析與
　　文學》（*The Erotic Motive in Literature*），臺北：
　　遠流出版公司，1987年8月1版。

MU

穆拉來爾（F. Müller-Lyer）著，葉啟芳譯：《婚姻進化
　　史》（*The Evolution of Modern Marriage*），上海：
　　商務印書館，1935年8月1版。

NA

納撒尼爾・布拉登著，陳建萍譯：《浪漫愛情的心理奧
　　秘》，杭州：浙江人民出版社，1988年4月1版。

OU

歐文（Washington Irving）著，徐應昶譯：《呂柏大夢》
　　（*Rip Van Winkle*），上海：商務印書館，1930年
　　12月1版。

QING

青夷編：《我從眷村來》，臺北：希代文叢公司，1986
年2月1版。

SA

薩特（Jean-Paul Satre）著，陳宣良等譯：《存在與虛
無》（*L'Étre et le Néant*），北京：三聯書店，1987
年3月1版。

SHI

施叔青：《拾掇那些日子》，臺北：志文出版社，1971
年3月1版。

———：《約伯的末裔》，臺北：大林書店，1973年5月
1版。

———：《琉璃瓦》，臺北：時報文化出版公司，1976
年3月1版，1977年3月3版。

———：《倒放的天梯》，香港：博益出版公司，1983
年8月1版。

———：《愫細怨》，臺北：洪範書店，1984年1月1
版，1984年11月4版。

———：《完美的丈夫》，臺北：洪範書店，1985年1月1
版，1985年3月3版。

———：《一夜遊——香港的故事》，香港：三聯書店，
1985年6月1版。

———：《臺上臺下》，臺北：時報文化出版公司，1985年9月1版。

———：《夾縫之間》，香港：香江出版公司，1986年1月1版。

———：《顛倒的世界》，北京：中國文聯出版公司，1986年9月1版。

———：《臺灣玉》，福州：海峽文藝出版社，1987年11月1版。

———：《西方人看中國戲劇》，北京：人民文學出版社，1988年3月1版。

———：《那些不毛的日子》，臺北：洪範書店，1988年10月1版。

———：《韭菜命的人》，臺北：洪範書店，1988年10月1版。

———：《文壇反思與前瞻 —— 施叔青與大陸作家對話》，香港：明窗出版社，1989年2月1版。

時代話題編輯委員會：《從《藍與黑》到《暗夜》》，臺北：久大文化公司，1987年5月1版。

SHU

書評書目社編：《第三隻眼》，臺北：書評書目出版社，1976年2月1版。

叔本華（Arthur Schopenhauer）著，陳曉南譯：《愛與生的苦惱》，臺北：志文出版社，1974年8月1版，1986年6月2版。

──著，陳曉南譯：《叔本華論文集》，天津：百花文藝出版社，1987年1月1版。

SI

斯達爾夫人（Madame de Staël）：《論文學》（*De La Littérature*），北京：人民文學出版社，1986年12月1版。

SU

蘇偉貞：《紅顏已老》，臺北：聯合報社，1981年3月1版。

──：《紅顏已老》（增訂版），臺北：聯合報社，1981年3月1版。

──：《陪他一段》，臺北：洪範書店，1983年2月1版，1985年12月18版。

──編：《愛情人生》，臺北：前衛出版社，1983年2月1版，1985年3月8版。

──：《人間有夢》，臺北：現代關係出版社，1983年9月1版，1984年4月2版。

──：《世間女子》，臺北：聯合報社，1983年11月1版。

———：《歲月的聲音》，臺北：洪範書店，1984年7月1版。

———編：《問，情爲何物》，臺北：蘭亭書店，1984年9月1版。

———：《有緣千里》，臺北：洪範書店，1984年11月1版，1984年12月4版。

———：《舊愛》，臺北：洪範書店，1985年7月1版，1985年7月3版。

———編：《鍾情》，臺北：林白出版社，1985年11月1版。

———：《陌路》，臺北：聯經出版公司，1986年4月1版。

———：《問你》，臺北：李白出版社，1987年1月1版。

———：《離家出走》，臺北：洪範書店，1987年2月1版。

———編：《一又二分之一——女作家的婚姻故事》，臺北：林白出版社，1988年11月1版。

蘇昌美：《愛的哲學》，臺北：東大圖書公司，1983年1月1版。

SUN

孫紹先：《女性主義文學》，瀋陽：遼寧大學出版社，
　　1987年9 月1版。

WA

瓦西列夫著，趙永穆等譯：《情愛論》，北京：三聯書
　　店，1984 年10月1版。

WANG

王晉民：《臺灣當代文學》，南寧：廣西人民出版社，
　　1986年9 月1版。

王德威：《衆聲喧嘩》，臺北：遠流出版社，1988年9月
　　1版。

WU

烏納穆諾（Miguel de Unamuno）著，楊勇翔編：《生命
　　的悲劇意識》，哈爾濱：北方文藝出版社，1987年
　　6月1版。

XI

西蒙‧波娃（Simone de Beauvoir）著，歐陽子等譯：
　　《第二性——女人》（*The Second Sex*），臺北：
　　晨鐘出版社，1973年4月1版，1984年5月7版。

西格蒙德‧佛洛伊德（Sigmund Freud）著，滕守堯譯：
　　《性愛與文明》，合肥：安徽文藝出版社，1987年
　　2月1版。

西蒙娜・德・波伏瓦（Simone de Beauvoir）著，曉宜等
　　譯：《女性的秘密》，北京：中國國際廣播出版
　　社，1988年7月1版。

XIAO

蕭颯：《長堤》，臺北：臺灣商務印書館，1972年4月1
　　版。

———：《日光夜景》，臺北：聯經出版公司，1977年5
　　月1版。

———：《二度蜜月》，臺北：聯經出版公司，1978年8
　　月1版。

———：《我兒漢生》，臺北：九歌出版社，1981年1月1
　　版，1981年3月3版。

———等：《十一個女人》，臺北：爾雅出版公司，
　　1981年2月1版，1984年9月17版。

———：《霞飛之家》，臺北：聯合報社，1981年3月1
　　版。

———：《如夢令》，臺北：九歌出版社，1981年7月1
　　版，1985年2月6版。

———：《愛情的季節》，臺北：九歌出版社，1983年1
　　月1版，1985年4月3版。

———：《死了一個國中女生之後》，臺北：洪範書店，
　　1984年4月1版，1985年3月8版。

———：《少年阿辛》，臺北： 九歌出版社，1984年5月1版，1985年5月10版。

———：《小鎮醫生的愛情》， 臺北： 爾雅出版社，1984年12月1版， 1985年11月5版。

———：《唯良的愛》， 臺北： 九歌出版社， 1986年11月1版。

———：《返鄉箚記》，臺北： 洪範書店， 1987年5月1版。

———：《走過從前》， 臺北： 九歌出版社， 1988年1月1 版，1988年2月4版。

XU

許津橋等編：《1986臺灣年度評論》， 臺北： 圓神出版社， 1987 年3月1版， 1987年5月3版。

YAN

燕奴編：《天涯未歸人——有情人生（親情篇）》， 臺北：晨星出版社， 1988年1月1版， 1988年3月2版。

YANG

楊美惠譯：《女人·女人》，香港： 大學生活社， 1973年7月1版。

———譯：《婦女問題新論》， 臺北： 聯經出版公司，1979年2月1版。

───：《女性・女性主義・性革命》， 臺北： 合志文
　　化公司，1988年9月1版。

楊青矗：《覆李昂的情書》，臺北： 敦理出版社， 1987
　　年3月1版。

楊昌年：《十二重樓月自明》， 臺北：漢光文化公司，
　　1988年2月 1版。

YI

伊・巴丹特爾著， 陳伏保等譯：《男女論》（*L'un est
　　L'Autre*）， 長沙： 湖南文藝出版社， 1988年2月1
　　版。

YIN

隱地：《隱地看小說》， 臺北： 爾雅出版社， 1981年6月
　　1版。

YU

禹燕：《女性人類學──雅典娜一號》，北京：東方出版
　　社， 1988 年6月1版。

YUAN

袁瓊瓊：《紅塵心事》， 臺北： 爾雅出版社，1981年2月
　　1版，1984 年12月5版。

───：《自己的天空》， 臺北：洪範書店， 1981年8月1
　　版，1985年9月13版。

———：《隨意》，臺北：洪範書店，1983年2月1版，1983年7月3版。

———：《兩個人的事》，臺北：洪範書店，1983年7月1版，1984年11月7版。

———：《春水船》，臺北：洪範書店，1985年2月1版。

———：《滄桑》，臺北：洪範書店，1985年2月1版，1985年6月6版。

———編：《鍾愛》，臺北：林白出版社，1985年12月1版。

———：《又涼又暖的季節》，臺北：林白出版社，1986年2月1版。

———：《青春的天空》，臺北：李白出版社，1986年11月1版，1986年12月2版。

———：《袁瓊瓊極短篇》，臺北：爾雅出版社，1988年2月1版。

———：《今生緣》，臺北：聯合文學出版社，1988年9月1版，1988年12月2版。

ZENG

曾昭旭：《文學的哲思》，臺北：漢光文化公司，1984年12月1版，1985年2月2版。

ZHAN

詹宏志：《兩種文學心靈》，臺北：皇冠出版社，1986
　　年1月1版。

ZHANG

張愛玲：《張愛玲短篇小說集》，臺北：皇冠出版社，
　　1968年7月1版，1977年4月本版。

張素貞：《細讀現代小說》，臺北：東大圖書公司，
　　1986年10月1版。

ZHEN

珍尼特・希伯雷・海登、羅森伯格著，范志強等譯：《婦
　　女心理學》，昆明：雲南人民出版社，1986年10月
　　1版。

珍・貝克・米勒（Jean Baker Miller）著，江慧君譯：《新
　　女性心理學》（Toward a New Psychology of
　　Women），臺北：駿馬文化社，1988年2月1版。

ZHENG

鄭爲元、廖榮利著：《蛻變中的臺灣婦女》，臺北：大
　　洋出版社，1985年3月1版。

ZHONG

鍾玲：《文學評論集》，臺北：時報文化出版公司，
　　1984年2月1版。

ZI

子宛玉編：《風起雲湧的女性主義批評（臺灣篇）》，臺
北：谷風出版社， 1988年11月1版。

BAO

鮑家麟：〈兩性關係的演變〉，《史學會刊》11期（1974年2月），頁12-13。

CAI

蔡源煌：〈"雌雄同體"的文學想像〉，《聯合文學》2卷3期（1986年1月），頁18-21。

──：〈莎士比亞對女性問題的一點啟示〉，《聯合文學》17期（1986年3月），頁39-45。

──：〈女性主義批評的商榷〉，《幼獅文藝》398期（1987年2月），頁51-58。

──：〈"寂寞"詩學──西洋文學中的幾個典型〉，《聯合文學》4卷10期（1988年8月），頁44-48。

蔡英俊：〈女作家的兩種典型及其困境──試論李昂與廖輝英的小說〉，《文星》110期（1987年8月），頁96-101。

蔡美麗：〈女性主義與哲學〉，《中國論壇》25卷11期（1988年3月），頁28-32。

CAO

曹又方：〈人人的婦女運動〉，《婦女雜誌》124期（1979年1月），頁53-56。

CHEN

陳克環：〈我如何處理評〈昨夜〉的困境〉，《文藝》71期（1975年5月），頁37-38。

陳映湘：〈當代中國作家的考察──初論李昂〉，《中外文學》5卷8期（1977年1月）頁78-86。

陳樂融：〈陪他一段紅顏已老──論蘇偉貞小說的愛情觀照〉，《中外文學》20卷4期（1983年9月），頁134-152。

陳景怡：〈讀蘇偉貞的〈世間女子〉〉，《文訊》17期（1985年4月），頁167-168。

陳中玉：〈施叔青談創作〉，《華人月刊》47期（1985年6月）頁60-62。

陳惠馨：〈西蒙‧德‧波娃的世界〉，《當代》6期（1986年10月），頁95-98。

陳玉晶：〈女性的困境〉，《星島日報》1988年10月11日，版37。

CUI

崔麗明：〈傳統的重擔〉，《星島日報》1988年10月11日，版37。

DENG

鄧友梅：〈施叔青的《窰變》和《票房》〉，《文藝報》1987年2月14日，版2。

───：〈我看施叔青〉，《華人世界》7期（1987年，月份缺），頁148-149。

DING

丁琬：〈紅顏未老 ── 訪蘇偉貞〉，《明道文藝》60期
　　（1981年3月），頁125-127。

DU

杜雪美整理：〈女作家的文學使命研討會記錄〉，《新加坡
　　文藝》29期（1983年3月），頁10-17。

FAN

樊之谷：〈登梯不懈的人──施叔青印象記〉，《中報月刊》
　　68期（1985年9月），頁73-74。

FANG

方十四：〈看〈陪他一段〉〉，《臺灣新聞報》，1983年3月
　　30日，版12。

GAO

高天生：〈雄雞一鳴天下曉──論蘇偉貞小說的社會意識〉，
　　《文訊》6期（1983年12月），頁258-260。

高天香：〈"亞當與夏娃的故事"新解〉，《中外文學》17
　　卷10期（1989年3月），頁10-22。

GONG

龔鵬程：〈論蕭颯的《我兒漢生》〉，《當代》7期（1986年
　　11月），頁104-107。

GU

谷樵：〈蘇偉貞——自困自苦的言情小說〉，《突破》11卷8期（1984年8月），頁42-43。

古月：〈臺灣女作家袁瓊瓊和《滄桑》〉，《長江文藝》264期（1985年1月），頁52。

古添洪：〈讀李昂的〈殺夫〉——譎詭、對等、與婦女問題〉，《中外文學》14卷10期（1986年3月），頁41-49。

古繼堂：〈八十年代臺灣青年女作家群〉，《臺聲》20期（1986年3月），頁35-36。

———：〈袁瓊瓊和她的《滄桑》〉，《語文月刊》61期（1987年，月份缺），頁9-10。

GUO

郭楓：〈評析李昂小說《暗夜》〉，《香港文學》34期（1987年10月），頁34-39。

HANG

杭之：〈廖輝英的小說反映的一些問題〉，《當代》2期（1986年6月），頁107-112。

HONG

洪淑苓：〈歲月的痕跡——評蘇偉貞近作《舊愛》〉，《文訊》19期（1985年8月），頁42-44。

HU

胡雲：〈讀〈殺夫〉〉，《新書月刊》4期（1984年1月），
　　頁34-35。

HUANG

黃寶蓮：〈顏尚紅而心已老──讀《紅顏已老》抒感〉，《書
　　評書目》96期（1981年5月），頁80-81。

黃碧端：〈平淡的激情（評《小鎮醫生的愛情》）〉，《聯合
　　文學》11期（1985年9月），頁210。

────：〈滄桑異事（評《滄桑》）〉，《聯合文學》15期
　　（1986年1月），頁198。

────：〈價值轉換的反諷（評《暗夜》）〉，《聯合文學》
　　2卷4期（1986年2月），頁144-145。

黃碧雲：〈在“女性思考”以外找新路向 ──訪作家施叔
　　青〉，《臺灣文藝》104期（1987年1月），頁18-21。

黃秋芳：〈給不知名的收信人──李昂的《一封未寄的情
　　書》〉，《自由青年》697期（1987年9月）頁36-41。

黃運英、陳巧玲：〈尋找自我〉，《星島日報》1988年10月11
　　日，版37。

黃毓秀：〈《奧瑞泰亞》諸女神與父權意識的形成〉，《中
　　外文學》17卷10期（1989年3月），頁71-90。

JI

齊邦媛：〈閨怨之外──以實力論臺灣女作家〉，《聯合文
學》1卷5期（1985年3月），頁6-19。

季季：〈站在冷靜的高處──與蕭颯談生活與寫作〉，《博益
月刊》4期（1987年12月），頁208-216。

JIAN

簡瑛瑛：〈女性主義的文學表現〉，《聯合文學》4卷12期
（1988年10月），頁10-23。

──：〈女性文學批評〉，《聯合文學》4卷12期（1988年10
月），頁24-29。

──：〈性別、金錢、權力：重讀《摩兒・佛蘭德思》〉，
《中外文學》17卷10期（1989年3月），頁40-60。

JIANG

蔣廉儒：〈女性在文學的王國〉，《中央日報》1984年2月18
日，版10。

姜捷：〈流螢，敢近太陽飛──與蘇偉貞並肩走過的那段歲
月〉，《新書月刊》14期（1984年11月），頁30-34。

──：〈蘇偉貞是書癡、字癡、情癡〉，《婦女雜誌》212
期（1986年5月），頁44-47。

JIN

金沙寒：〈小論李昂〈假面〉〉，《文訊》18期（1985年6
月），頁99-102。

KAI

凱若琳‧赫布蘭（Carolyn G. Heilbrum）著，李欣穎譯：〈雙
　　性人格的體認〉，《中外文學》14卷10期（1986年3
　　月），頁115-123。

KANG

康原：〈愛情與性慾——小論〈愛情試驗〉〉，《臺灣文藝》
　　84期（1983年9月），頁147-152。

康來新：〈《盲點》和"焦點""好看的"與"好的"〉，
　　《文訊》23期（1986年4月），頁197-200。

LI

李昂：〈爭甚麼？不爭甚麼？〉，《婦女雜誌》175期（1983
　　年4月），頁97-103。

———：〈女作家對社會的巨視與微觀〉，《中國論壇》16卷4
　　期（1983年5月），頁52-55。

———：〈情人筆記〉，《聯合文學》4卷12期（1988年10
　　月），頁86-89。

李元貞：〈臺灣的新女性運動〉，《人與社會》5卷6期
　　（1978年2月），頁17-18。

———：〈兩性社會的新理想〉，《婦女新知》22期（1983年
　　12月），頁48-52。

———：〈我爲甚麼投入婦女運動〉，《文星》105期（1987
　　年3月），頁111-117。

———：〈臺灣現代女詩人的自我觀〉，《中外文學》17卷 10
期（1989年3月），頁23-39。

李子雲：〈同一社會圈子裏的兩代人——與女作家李黎的通
信〉，《讀書》86期（1986年5月），頁58-65。

李子雲、李黎：〈張愛玲——施叔青〉，《臺港文學選刊》10
期（1986年10月），頁33-34。

李黎：〈李黎給李子雲的第一封覆信〉，《讀書》88期
（1986年7月），頁68-76。

李石：〈臺灣閨秀文學的社會問題〉，《文星》99期（1986
年9月），頁115-119。

李美枝：〈臺灣女權運動往那裏走？〉，《中國論壇》24卷 2
期（1987年4月），頁34-37。

———：〈走向人性化的新社會——《女性主義第一章》讀後
聯想〉，《中國論壇》24卷8期（1987年7月），頁40-
43。

LIAN
聯合文學編輯部：〈訪蘇偉貞談〈黑暗的顏色〉〉，《聯合
文學》5卷3期（1989年1月），頁70-71。

LIANG
亮軒：〈世間男女——評〈唯良的愛〉〉，《聯合文學》3卷4
期（1987年2月），頁164。

LIAO

廖炳惠：〈試論當前意識型態研究及女權批評的得失〉，
　　　《中外文學》14卷11期（1986年4月），頁40-77。

——：〈女性主義與文學批評〉，《當代》5期（1986年9
　　　月），頁35-48。

廖咸浩：〈“雙性同體”之夢：《紅樓夢》與《荒野之狼》中
　　　“雙性同體”象徵的運用〉，《中外文學》15卷4期
　　　（1986年9月），頁120-148。

廖輝英：〈嚴肅與通俗之間〉，《文訊》26期（1986年10
　　　月），頁94-97。

——：〈兩岸〉，《中國時報》，1988年3月17-19日，版
　　　18。

LIN

林綠：〈女性主義文學批評〉，《臺灣文藝》81期（1983年3
　　　月），頁41-43。

林柏燕：〈蕭颯的小說〉，《文訊》3期（1983年9月），頁
　　　107-110。

林淑意：〈沒有女作家，只有作家，英美文壇的“女性文
　　　學”論爭〉，《聯合文學》1卷5期（1985年3月），頁
　　　28-31。

LIU

劉登翰：〈在兩種文化的衝撞之中 ── 論施叔青早、中期的小
　　說〉，《文藝》18期（1986年6月），頁62-68。

劉達文，蔡寶山：〈李昂和她的 "女性主義" 小說〉，《特
　　區文學》23期（1986年9月），頁138-141。

LONG

龍應臺：〈評《小鎮醫生的愛情》〉，《新書月刊》 18期
　　（1985年3月），頁23-25。

───：〈臺北的紅男綠女──評李昂的《暗夜》〉，《自立
　　晚報》，1985年10月16日，版10。

LU

露絲・蓋（Ruth Gay）著，西風譯：〈從文獻看女權運動〉，
　　《幼獅月刊》34卷4期（1971年10月），頁29-32。

呂昱：〈臺北人的新形象──論蕭颯的《我兒漢生》〉，《書
　　評書目》100期（1981年9月），頁57-65。

LUO

羅會明：〈文藝創作者：非外科大夫〉，《文藝》 71期
　　（1975年5月），頁53-55。

MA

馬叔禮：《心嚮往之──來談〈 陪他一段 〉》，《中外文
　　學》8卷9期（1980年2月），頁130-133。

馬森：〈愛慾的文化意義〉，《聯合文學》4卷 11期（1988
　　年9月），頁10-16。

瑪奇‧洪姆（Maggie Humm）著，成令方譯：＂女性文學批
　　評＂，（＂Feminist Criticism＂），《聯合文學》4卷12
　　期（1988年10月），頁24-29。

MEI

梅子：〈《一夜遊》──騷動不安的新產物〉，《文藝雜誌》
　　16期（1985年12月），頁60-65。

MING

明月：〈外來客眼中的香港人──評施叔青的九篇香港的故
　　事〉，《讀者良友》5卷5期（1986年11月），頁70-75。

MO

莫頓‧亨特（Morton M. Hunt）著，徐進夫譯：〈女權發展的
　　男性觀〉，《幼獅月刊》34卷4期（1971年5月），頁24-
　　28。

莫蘭德：〈雙面夏娃或由厭惡女性達到和諧的層次〉，《淡
　　江學報》22期（1985年3月），頁307-316。

NAN

南方朔：〈從＂第二性＂到＂性的結束＂──＂後女性主義＂
　　思想論〉，《文星》105期（1987年3月），頁96-103。

NI

尼洛：〈談《有緣千里》中的小說語言〉，《文訊》16期
（1985年2月），頁163-167。

PENG

彭瑞金：〈現代主義陰影下的鹿城故事〉，《書評書目》54
期（1977年10月），頁29-36。

蓬生：〈臺灣女作家群及"閨秀文學"〉，《新觀察》386
期（1986年9月），頁24。

QI

齊邦媛：〈臺灣女作家的技巧領域〉，《文藝》8期（1983
年12月），頁30-38。

———：〈閨怨之外——以實力論臺灣女作家〉，《聯合文
學》1卷5期（1985年3月），頁6-19。

QIAN

錢蔭愉：〈她們自己的文學——"婦女之學"散論〉，《貴州
大學學報》11期（1986年4期），頁24-29。

SAN

三毛等：〈仲夏文藝雅集〉，《文學時代》4期（1981年11
月），頁66-83。

SHEN

沈陽：〈夢魘與象徵的世界——讀施叔青的小說〉，《新潮》
28期（1974年6月），頁35-36。

SHU

舒昊：〈作家的責任——兼談李昂小說中的這一代〉，《文
　　藝》71期（1975年5月），頁49-53。

舒非：〈與施叔青談她的《香港的故事》〉，《臺港文學選
　　刊》6期（1985年8月），頁51-54。

SONG

宋德明：〈吳爾芙作品中的女性意識〉，《中外文學》14卷
　　10期（1986年3月），頁50-65。

嵩松：〈溫暖的〈角落〉和“角落”〉，《臺港文學選刊》
　　17期（1987年8月），頁87。

宋美瑋：〈資本主義與女權意識——性別差異和權力抗爭〉，
　　《聯合文學》4卷12期（1988年10月），頁30-35。

SU

蘇偉貞：〈去的地方〉，《散文季刊》1期（1984年1月），
　　頁94-98。

———：〈黑暗的顏色〉，《聯合文學》5卷3期（1988年1
　　月），頁72-115。

———：〈流離〉，《聯合報》，1988年6月23-29日，版21。

———：〈斷線〉，《聯合報》，1988年10月8-12日，版21。

蘇其康：〈家國的臍帶——評蕭颯的《返鄉箚記》〉，《聯合
　　文學》35期（1987年9月），頁221。

SUN

孫述宇：〈 人欲與天理──評蕭颯作品〈小葉〉〉，《 中國
　　時報》， 1984年10月2日， 版8。

孫隆基：〈個性，群性，與 " 寂寞 " 〉，《聯合文學》 4卷
　　10期（1988年8月）， 頁33-38。

WANG

王德威：〈花季的焦慮（評《花季》）〉，《聯合文學》10期
　　（1985年8月）， 頁212。

───：〈移情！自戀！（評《一封未寄的情書》）〉，《聯
　　合文學》20期（1986年6月）， 頁212-213。

王渝：〈大珠小珠落玉盤 ──臺港海外作家評論家眼中的〈殺
　　夫〉〉，《收穫》60期（1986年7月）， 頁102-104。

王晉民：〈施叔青近期小說介紹〉，《小說評論》16期
　　（1987年7月）， 頁79-83。

───：〈施叔青小說集《晚晴》序〉，《文學世界》2期
　　（1988年4月）， 頁141-145。

王溢嘉：〈我存在，我寂寞──寂寞的存在分析觀〉，《聯合
　　文學》4卷10期（1988年8月）， 頁27-32。

WEI

微知：〈從〈昨夜〉到〈莫春〉──評李昂的兩篇小說〉，
　　《中華日報》， 1975年3月7-8日，版9。

魏偉琦：〈中華民國的女作家〉，《文學時代》8期（1982年7
　　　月），頁5-9。

尉天驄：〈臺灣婦女文學的困境〉，《文星》110期（1987年8
　　　月），頁92-95。

維吉尼雅・吳爾芙（Virgina Woolf）著，簡瑛瑛譯：〈女性
　　　作家的困境〉，《中外文學》17卷7期（1988年12月），
　　　頁104-110。

WENG

翁德明：〈最受爭議的女性主義者——西蒙・德・波娃〉，
　　　《當代》2期（1986年6月），頁10-13。

翁靈文：〈施叔青的生活・愛好・小說〉，《讀者良友》8卷
　　　3期（1988年3月），頁6-11。

WU

吳聲誠：〈可以再深刻一點 —— 蕭颯《小鎮醫生的愛
　　　情》〉，《文訊》16期（1985年2月），頁209-210。

吳爾芙（Virginia Woolf）著，范國生譯：〈莎士比亞的妹
　　　妹〉，《中外文學》14卷10期（1986年3月），頁66-
　　　76。

吳達芸：〈造端乎夫婦的省思——談蕭颯小說中的婚姻主
　　　題〉，《文星》110期（1987年8月），頁102-107。

XI

奚密：〈黑暗之形：談暗夜中的象徵〉，《中外文學》15卷
9期（1987年2月），頁130-148。

席芭曼（Lauren Silberman）著，廖朝陽譯：〈《仙后》第三
卷 的 雙 性 設 辭〉（"Singing Unsung Heroines：
Androgynous Discourse in Book 3 of the Faerie
Queene"），《中外文學》17卷10期（1989年3月），頁
91-112。

XIAO

筱羽：〈讀李昂的花季——也紀念我們逝去的花季〉，《新
潮》28期（1974年6月），頁39-40。

蕭新煌主持：〈婦女運動蓄勢待發座談會〉，《中國論壇》
25卷11期（1988年3月），頁11-24。

XU

許永代：〈豈可戕害文藝〉，《文藝》71期（1975年5月），
頁57。

XUE

薛興國輯：〈中外名家話寂寞〉，《聯合文學》4卷10期
（1988年8月），頁62-65。

YAN

顏展民：〈施叔青筆下的女性〉，《香港文藝》2卷3期
（1985年12月），頁88-89。

YANG

楊美惠：〈歐美女性主義的思想源流〉，《聯合文學》1卷5
　　　期（1985年3月），頁20-27。

──：〈英美婦女問題與性革命〉，《當代》5期（1986年9
　　　月），頁14-23。

楊錦郁：〈用小說來反應人生痛苦 ── 蘇偉貞（原文為
　　　"眞"，應為"貞"之誤）談小說經驗〉，《文訊》36
　　　期（1988年6月），頁89-92。

YE

葉飛虹：〈從中外短評來看李昂的〈莫春〉〉，《文藝》70
　　　期（1975年4月），頁29-35。

葉紹國：〈我國社會女性角色態度的演變〉，《淡江學報》
　　　24期（1986年4月），頁111-129。

YI

伊蘭・修華特（Elaine Showalter）著，張小虹譯：〈荒野中的
　　　女性主義批評〉（"Feminist Criticism in the
　　　Wilderness"），《中外文學》14卷10期（1986年3
　　　月），頁77-113。

伊慶春：〈臺灣婦女運動的社會意涵〉，《中國論壇》25卷
　　　11期（1988年3月），頁25-27。

YING

應平書：〈年輕人立身處世的寶鑑——青年女作家蕭颯的《如夢令》〉，《中華日報》，1980年11月10日，版10。

應鳳凰：〈如何讀廖輝英的小說〉，《幼獅文藝》387期（1986年3月），頁127-129。

YU

聿戈：〈我讀《拾掇那些日子》〉，《書評書目》19期（1974年11月），頁91-95。

余光中等：〈臺灣女作家〉，《文藝》8期（1983年12月），頁14-29。

YUAN

袁則難：〈也是為了愛——我看蘇偉貞的小說〉，《新書月刊》4期（1984年1月），頁35-37。

ZENG

曾昭旭：〈抑鬱於紅塵的玉潔冰清——談蘇偉貞小說中的心情〉，《鵝湖》11卷5期（1985年11月），頁56-57。

———：〈中國人的愛欲問題〉，《聯合文學》4卷11期（1988年9月），頁37-44。

ZHAN

詹世偉：〈《暗夜》被商業出賣了嗎？〉，《幼獅月刊》13卷4期（1986年4月），頁48-50。

ZHANG

張系國：〈小論〈殺夫〉〉，《新書月刊》12期（ 1984年 9 月），頁30-31。

張靜二：〈波西亞──莎翁筆下的女強人〉，《中外文學》15 卷2期（1986年7月），頁4-29。

張懷文：〈婦女運動與女性主義批評〉，《中國論壇》25卷 11期（1988年3月），頁33-37。

ZHAO

趙子君：〈性愛小說初探──李昂與光泰〉，《博益月刊》 3 期（1987年11月），頁155-159。

────：〈讀蕭颯的都市傳奇〉，《博益月刊》5期（1988年1 月），頁214-216。

ZHENG

鄭榮錦：〈驀然回首──試論李昂的〈婚禮〉〉，《中華文 藝》12卷1期（1976年9月），頁74-82。

ZHONG

鍾鳳美：〈讓缺憾從人性中躍昇──縱談袁瓊瓊小說《滄 桑》〉，《文藝》205期（1986年7月），頁31-42。

ZHU

朱炎：〈清者自清，濁者自濁〉，《文藝》71期（1975年 5 月），頁34-35。

竹影：〈李昂的〈愛情試驗〉〉，《文學時代叢刊》12期
（1983年3月），頁105-107。

祝仲華：〈英美的女性文學〉，《臺灣文藝》81期（1983年3
月），頁29-41。

ZI

子青：〈紙上的"成人電影"〉，《文藝》71期（1975年5
月），頁39-43。

Alberoni, Francesco. *Falling in Love*. Trans. Lawrence Venuti. New york: Random House, 1983.

Bauer, Bernhard A. *Woman and Love*. Trans. Eden and Cedar Paul. 2 Vols. New York: Boni and Liveright,1927. Vol. 1.

——: *Woman and Love*. Trans. E. S. Jerdan, and Norman Haire. 2 Vols. New York: Boni and Liveright, 1927. Vol. 2.

Bayley, John. *The Characters of Love: A Study in the Literature of Personality*. London: Constable,1960.

Bédier, Joseph. *The Romance of Tristan and Iseult*. Trans. Hilaire Belloc, and Paul Rossenfeld. New York: Doubleday, 1953.

Bell, Robert R. *Marriage and Family Interaction*. 3rd Ed. Homewood: Dorsey Press, 1971.

Benstock, Shari, ed. *Feminist Issues in Literary Scholarship*. Bloomington: Indiana UP, 1987.

Bowles, Gloria, and Renate Duelli Klein, eds. *Theories of Women's Studies*. London: Routledge and Kegan Paul, 1983.

Brown, Cheryl L., and Karen Olson. *Feminist Criticism: Essays on Theory , Poetry and Prose*. Metuchen: Scarecrow Press, 1978.

Buscaglia, Leo F. *Love*. Thorofare: Charles B. Slack, 1972.

Chesler, Phyllis. *Women and Madness*. London: Allen Lane, 1974.

Chesser, Eustace. *The Cost of Loving*. London: Methuen, 1964.

Chiang Lanhung,and Ku Yenlin. *Past and Current Status of Women in Taiwan*. Taipei: Population Studies Centre of the Taiwan U, 1985.

Cornillon, Susan Koppelman, ed. *Images of Women in Fiction: Feminist Perspectives*. Bowling Green: Bowling Green U Popular P, 1972.

Donovan, Josephine, ed. *Feminist Literary Criticism: Explorations in Theory*. Lexington: UP of Kentucky, 1975.

Dreikurs, Rudolf. *The Challenge of Marriage*. New York: Hawthorn, 1946.

Durkheim, Emile. *Suicide: A Study in Sociology*. Trans. John A. Spaulding, and George Simpson. London: Routledge and Kegan Paul, 1952.

Eagleton, Mary, ed, *Feminist Literary Theory: A Reader*. Oxford: Basil Blackwell, 1986.

Ellis, Havelock. *Psychology of Sex*. London: William Heinemann Medical Books, 1933.

Ellmann, Mary. *Thinking about Women*. London: Virago, 1979.

Erikson, Erik H. *Identity: Youth and Crisis*. London: Faber and Faber, 1968.

Ernst, Morris L., and David Loth. *Sexual Behaviour and the Kinsey Report*. London: Falcon Press, 1949.

Felman, Shoshana. "Woman and Madness." *Diacritics* 5 (1975):2-10.

Ferguson, Mary Ann. *Images of Women in Literature*. 3rd Ed. Boston: Houghton Mifflin, 1981.

Fiedler, Leslie A. *Love and Death in the American Novel*. Rev. Ed. Harmondsworth: Penguin, 1984.

Fine, Reuben. *The Meaning of Love in Human Experience*. New York: Wiley-Interscience, 1985.

Forster, Edward Morgan. *A Passage to India*. London: Edward Arnold, 1978.

Foucault, Michel. *The History of Sexuality: An Introduction*. Trans. Robert Hurley. Vol. 1. New York: Vintage, 1980.

Fowlie, Wallace. *Love in Literature: Studies in Symbolic Expression*. Bloomington: Indiana UP, 1965.

Freud, Sigmund. *The Standard Edition of the Complete Psychological Works of Sigmund Freud: The Ego and the Id and Other Works*. Trans. James Strachey. Vol. 19. London: Hogarth Press, 1961.

Friedan, Betty. *The Feminine Mystique*. Harmondsworth: Penguin, 1965.

Fromm, Erich. *The Art of Loving*. London: Unwin, 1975.

Gerstlacher, Anna, et al., eds. *Woman and Literature in China.* Bochum: Studienverlag Brockmeyer, 1985.

Gilbert, Sandra M., and Susan Gubar. *The Madwoman in the Attic: The Woman Writer and the Nineteenth-Century Literary Imagination.* New Haven: Yale UP, 1979.

Greene, Gayle, and Coppelia Kahn, eds. *Making a Difference: Feminist Literary Criticism.* London: Methuen, 1985.

Hazo, Robert G. *The Idea of Love.* New York: Frederick A. Praeger, 1967.

Heilbrun, Carolyn G.,and Margaret R. Higonnet, eds. *The Representation of Women in Fiction.* Baltimore: Johns Hopkins UP, 1983.

Horney, Karen. *Feminine Psychology.* New York: W.W. Norton, 1967.

Hovet, Grace O'Neill. *The Bildungsroman of the Middle-aged Woman: Her Emergence as Heroine in British Fiction since 1920.* Diss., University of Kansas, 1976. Ann Arbor: University Microfilms International, 1980.

Hutton, Laura. *The Single Woman and the Emotional Problems.* London: Bailliere, Tindall and Cox, 1937.

Johnson, Robert A. *The Psychology of Romantic Love.* London: Arkana, 1987.

Kaplan, Sydney Janet. *Feminine Consciousness in the Modern British Novel*. Urbana: U of Illinois P, 1975.

Kiberd, Declan. *Men and Feminism in Modern Literature*. London: Macmillan, 1985.

Kirkpatrick, Martha. *Women's Sexual Experience: Explorations of the Dark Continent*. New York: Plenum, 1982.

Krich, Aron M., ed. *The Anatomy of Love. New York:* Dell, 1960.

Laing, Ronald D. *The Divided Self: A Study of Sanity and Madness*. London: Tavistock, 1960.

Langbaum, Robert. *The Mysteries of Identity: A Theme in Modern Literature*. New York: Oxford UP, 1977.

Lasswell, Marcia, and Thomas Lasswell. *Marriage and the Family*. 2nd Ed. Belmont: Wadsworth, 1987.

Lee, John Alan. *Colours of Love: An Exploration of the Ways of Loving*. Toronto: New Press, 1973.

Lerner, Laurence. *Love and Marriage: Literature and Its Social Context*. London: Edward Arnold, 1979.

Liu, Joyce C.H., "From Loo Port to Taipei: The World of Women in Lee Ang's Works." *Fu Jen Studies* 19 (1986): 65-88.

Mahowald, Mary Briody, ed. *Philosophy of Woman: An Anthology of Classic and Current Concepts*. 2nd Ed. Indianapolis: Hackett, 1983.

Masters, William H., Virginia E. Johnson, and Robert J. Levin. *The Pleasure Bond: A New Look at Sexuality and Commitment.* 1st Ed. Toronto: Brown, 1975.

Masters, William H., and Virginia E. Johnson. *Human Sexual Response.* London: J. & A. Churchill, 1966.

May, Rollo. *Love and Will.* London: Souvenir Press, 1970.

Menninger, Karl A. *Man Against Himself.* New York: Harcourt, 1938.

Miles, Rosalind. *The Fiction of Sex: Themes and Functions of Sex Difference in the Modern Novel.* New York: Barnes and Noble, 1974.

Miller, Howard L., and Paul S. Siegel. *Loving: A Psychological Approach.* New York: Wiley, 1972.

Miller, Jean Baker, ed. *Psychoanalysis and Women: Contributions to New Theory and Therapy.* New York: Brunner/Mazel, 1973.

Millett, Kate. *Sexual Politics.* London: Virago, 1977.

Moers, Ellen. *Literary Women.* London: W.H. Allen, 1977.

Moi, Toril. *Sexual/Textual Politics: Feminist Literary Theory.* London: Methuen, 1985.

Montagu, Ashley, ed. *The Meaning of Love.* Westport: Greenwood Press, 1974.

Morgan, Robin. *The Anatomy of Freedom: Feminism, Physics, and Global Politics*. Oxford: Martin Robertson, 1983.

Neumann, Erich. *The Great Mother: An Analysis of the Archetype*. Trans. Ralph Manheim. Princeton: Princeton UP, 1963.

Newton, Judith, and Deborah Rosenfelt, eds. *Feminist Criticism and Social Change: Sex, Class and Race in Literature and Culture*. New York: Methuen, 1985.

Pope, Kenneth S. and Associates, ed. *On Love and Loving: Psychological Perspectives on the Nature and Experience of Romantic Love*. San Francisco: Jossey-Bass, 1980.

Pope, Whitney. *Durkheim's Suicide: A Classic Analyzed*. Chicago: U of Chicago P, 1976.

Pratt, Annis, et al. *Archetypal Patterns in Women's Fiction*. Brighton: Harvester Press, 1982.

Reik, Theodor. *Of Love and Lust: On the Psychoanalysis of Romantic and Sexual Emotions*. London: Souvenir Press, 1975.

Rice, F. Philip. *Contemporary Marriage*. Boston: Allyn and Bacon, 1983. Rev. Ed. of Marriage and Parenthood , 1979.

Rigney, Barbara Hill. *Madness and Sexual Politics in the Feminist Novel: Studies in Brontë, Woolf, Lessing, and Atwood*. Madison: U of Wisconsin P, 1978.

Robinson, Paul. *The Modernization of Sex*. New York: Harper and Row, 1976.

Rougemont, Denis de. *Love in the Western World*. Trans. Montgomery Belgion, 1956. Princeton: Princeton UP, 1983.

Ruthven, K. K. *Feminist Literary Studies: An Introduction*. Cambridge: Cambridge UP, 1984.

Sadler, William A. Jr. *Existence and Love*. New York: Charles Scribner's Sons, 1969.

Sayers, Janet. *Sexual Contradictions: Psychology, Psychoanalysis, and Feminism*. London: Tavistock, 1986.

Scruton, Roger. *Sexual Desire*. London: George Weidenfeld and Nicolson, 1986.

Shostrom, Everett L. *Man, the Manipulator: The Inner Journey from Manipulation to Actualization*. Nashville: Abingdon Press, 1967.

Showalter, Elaine. *A Literature of Their Own:British Women Novelist from Brontë to Lessing*. Princeton: Princeton UP, 1977.

———. *The New Feminist Criticism*. New York: Pantheon, 1985.

———. *The Female Malady: Women, Madness, and English Culture, 1830-1980*. London: Virago Press, 1987.

Singer, Irving. *The Nature of Love*. Chicago: U of Chicago P, 1984.

Soble, Alan, ed. *The Philosophy of Sex: Contemporary Readings.* Littlefield: Adams, 1980.

Spencer, Jane. *The Rise of the Woman Novelist: From Aphra Behn to Jane Austen.* Oxford: Basil Blackwell, 1986.

Stengel, Erwin. *Suicide and Attempted Suicide.* Harmondsworth: Penguin, 1964.

Stilling, Roger. *Love and Death in Renaissance Tragedy.* Baton Rouge: Louisiana State UP, 1976.

Stimpson, Catharine R., and Ethel Spector Person, eds. *Women: Sex and Sexuality.* Chicago: U of Chicago P, 1980.

Suttie, Ian D. *The Origins of Love and Hate.* London: Kegan Paul, 1935.

Tanner, Tony. *Adultery in the Novel: Contract and Transgression.* Baltimore: Johns Hopkins UP, 1979.

Verene, D.P., ed. *Sexual Love and Western Morality: A Philosophical Anthology.* New York: Harper Torchbooks, 1972.

Williams, Juanita H. *Psychology of Women: Behavior in a Biosocial Context.* Toronto: George J. McLeod, 1977.